KB053378

사람이 몰리는
꽃집 창업의 비밀

경험이 없어도 자본이 없어도
월매출 1000만 원 달성하는 꽃집 창업 노하우

사람이 몰리는
꽃집 창업의 비밀

이대강 지음

미래지식

극소심 불안장애를 가진 소년이
부귀young花 컨설턴트(꽃집 창업 도와주는 남자)가
되기까지

사실 나는 굉장히 내성적인 성격이었다. 고등학교 시절까지 누군가를 3초 이상 쳐다보지 못할 정도였다. 사춘기 시절 내내 학교 가는 것이 정말 너무 싫었고 방황도 많이 했다. 그런데 스무 살 때 내 인생의 첫 번째 터닝포인트가 왔다. 최악으로 절망적인 상황에서 멘토를 만난 것이다. 나는 그분을 믿고 따르면서 3,000배를 세 번 하는 등 뭐든지 시키는 대로 다 해냈다. 그러면서 성격과 기질이 조금씩 바뀌기 시작했다. 그리고 20대 중반 군대에서 인생의 첫 책멘토를 만났다. 서진규 작가가 쓴 《나는 희망의 증거가 되고 싶다》였다. 이 책을 읽고 난 뒤에 엄청난 용기와 꿈이 생겼다. 그래서 매주 한 권 이상의 책을 때와 장소를 가리지 않고 읽기 시작했다. 심지어 화장실에서도 거의 변기를 부여잡고 몇 시간 동안 읽기도 했고 찢어서 먹기도 했다. 예비군 훈련장에 가서도 건빵주머니에 항상 책을 휴대하였다. 말 그대로 수불석권의 삶이었다. 그러다 보니 명문 대학교에 학사 편입도 하게 되었고 인생의 주인공으로서 점차 자신감을 키워갔다.

살다 보면 사람 스승과 책 스승을 만나게 되는 순간이 온다. 나는 나의 경험과 지식을 담은 이 꽃집 창업 책이 누군가에게 아주 조금이라도 희망의 불씨가 되기를 간절히 소망한다. 또한 막막한 창업의 바다에서 등대와 같은 올바른 길잡이가 되어주길 바라는 마음에 책을 썼다. 나는 과거에 '자기괴발' 수준으로 자기파괴적인 생각과 행동을 많이 했지만 좋은 책과 사람을 만나면서 점차 자존감이 회복되고 높아졌다.

막상 꽃집 창업을 하려고 마음먹었지만 어디서부터 시작해야 할지 두렵거나 막연할 수 있다. 나도 처음 꽃집에 입사할 때만 해도 열 군데 가까이 면접을 보고 화환 배달, 바닥 청소부터 했다. 로드숍(길거리 꽃집)부터 화환 전문점, 백화점, 웨딩 꽃장식, 대기업 식물 관리, 출장 분갈이, 원예 치료, 직업 체험, 실내외 조경 업체 등 정말 다양한 분야에서 일해보았다. 그러면서 이 꽃집은 왜 잘되고 있는지 성공 요인들을 분석하고 알아내기 시작했다.

'이 또한 지나가리라'라는 말이 있지만, 터널 속에 있는 사람은 아무리 소리치고 애원해도 그 과정을 지나가기 전까지는 자신이 터널 속에 있었다는 것을 모른다. 그렇게 나도 창업을 하고 사업을 하면서 너무 답답하고 속상할 때가 많았다. 처음 가본 길이기도 하고, 주변에서 친절히 알려주는 사람도 없었다.

나는 이 책에서 일단 꽃집 사장으로서 갖추어야 할 기본 지식과 자세에 대해서 언급했다. 그리고 마음이 동한다면 아주 작게 시작해보라고 말한다. 처음부터 무리하지 말고 온라인을 활용하여 장사를 경험해보고 화훼 시장의 현실과 분위기를 몸소 체험해보길 바라는 마음도 있다. 스스로 꽃 주문도 받아보고, 꽃 배달도 해볼 수 있다. 최소 몇 달에서 몇 년간 기술을 익히고 나서 나의 정성과 사랑이 담긴 제품을 판매할 수도 있다.

처음부터 무리해서 오프라인 꽃집을 창업하기보다는 온라인을 활용해보자. 특히 20대부터 40대까지 인터넷에 친숙한 독자라면 조금 더 빨리 성과를 낼 수 있을지도 모르겠다. 그리고 사업이란 제조, 판매, 유통에서부터 교육, 컨설팅까지 그 분야도 다양하다. 스스로의 강점을 정확히 파악하여 잘할 수 있는 것으로 한길만 파는 것이 하나의 전략이다. 그다음은 지속적인 브랜딩, 영업, 홍보, 고객관리, 업체 관리 등 한 번 시스템과 매뉴얼을 만들고 반복하면 된다.

나는 이렇게 꽃집으로 취업 또는 창업하고 싶은 사람들, 이미 꽃집을 창업했지만 생각대로 안 풀려서 뭔가 답답한 느낌이 드는 분들, 꽃으로 투잡을 생각하는 분들, 꽃과 식물을 좋아하고 관심 있는 분들, 뭔가 새롭게 시작을 앞두고 있는 분들에게 내 경험에서 우러나오는 짤막한 지혜와 노하우를 아낌없이 공유해보고자 한다.

　현장에서 내가 보고 듣고 경험한 것들을 모두 진솔하게 풀어내려고 노력했고 관련 분야의 책도 참 많이 읽었다.

　물은 99도에서 안 끓지만 100도에서는 끓게 된다. 부디 나의 책이 여러분의 열정 온도를 높여주고 지혜를 보태서 기적적인 성과를 만들게 되길 다시 한 번 간절히 소망한다.

애용하는 서초동 & 주암동 작업 공간에서

이대강

차례 FLOWER SHOP

3장. 사람이 몰리는 꽃집 창업의 비밀 1
-팔리는 꽃에 집중하라

4장. 사람이 몰리는 꽃집 창업의 비밀 2
―21일만 따라 하면 누구나 성공한다

5장. 창업 이렇게 시작하라 1
―초기 자본 없이 꽃집 창업하기

6장. 창업 이렇게 시작하라 2
―정부 지원금으로 꽃집 창업하기

7장. 절대 공개하지 않았던 노하우

1장

가장 비싼
키워드 광고
'꽃배달'

FLOWER SHOP

FLOWER SHOP

김영란법에도 '꽃배달' 키워드가
여전히 강세인 이유는?

창업에 관심 있는 분들이라면 '키워드 검색 마케팅'에 대해 들어봤을 것이다. 또는 실제로 광고 집행을 해본 경험이 있을 것이다. '꽃배달'이라는 키워드는 온라인상에서 상당히 경쟁률이 센 키워드다. 사실 '맛집' 같은 키워드와 비교한다면 '꽃배달'은 검색 횟수가 확실히 적겠지만, 다른 키워드들과 달리 검색 후 실제 클릭하는 클릭률이 상당히 높다.

왜 그럴까? 내가 온라인 마케팅의 전문가는 아니지만 추측건대 맛집은 검색 후 주소를 확인해서 직접 가면 끝이지만, 꽃배달은 주문하는 사람과 받는 사람이 다른 경우가 대부분이라 여러 차례 클릭해서 적당한 업체를 찾는 경우가 많은 것 같다. 급할 때면 인터넷에서 꽃배달, 화환, 꽃집을 검색해서 꽃을 구매하는 이용객이 많다는 증거다.

통계자료에 의하면 재작년 기준으로 꽃집에서 네이버 키워드 마케팅으로 연간 들이는 비용이 평균 2,600만 원이라고 한다. 이는 매월 평균 200만 원 이상 광고비용을 쓴다는 말이다. 보통 한 번의 키워드 클릭당 1,000원 정도가 들어간다고 가정하면 하루에 70번이면 7만 원, 한 달에 2,100번 클릭이면 210만 원의 광고비용이 발생한다.

최근 네이버 키워드 검색도구 사이트에 들어가 확인해보니 대체로 월 검색수가 5만 회에 달하고, PC와 모바일을 합한 클릭수가 5,000회를 넘는다. 검색하고 나서 클릭하는 비율이 거의 10% 정도로 높다는 이야기다. 그렇다면 검색 결과 상단에 보이는 파워링크를 클릭하는 확률이 꽤 높다는 뜻이다. 사실 내가 수 년째 꽃일을 하고 있지만 늘 상단에 고정해 있는 몇몇 업체는 같다. 그만큼 그곳의 주문이 많고 매출이 높다는 증거다.

통계청 조사에 따르면 대한민국에는 5만여 개의 꽃집이 있다고 한다. 이 중에서 3년 이상 버티는 꽃집은 많지 않다. 오픈하고 나서 3년 내에 70%가 문을 닫고, 그런 중에 새로운 꽃집이 개업한다. 최소 2,000~3,000만 원 들여 시작했을 테지만 투자금도 회수하지 못하고 문을 닫는 경우가 많다.

그래서 먼저 자신이 사업에 소질이 있는지, 장사를 통해서 돈을 벌 수 있는 감각과 능력이 있는지 스스로 점검해보고 시작하길 추천한다. 실패를 통해 성공한다는 이야기도 맞는 말이지만 가급적이면 실패를 안 하거나 줄이고도 얼마든지 성공할 수 있다. 즉 선배들의 시행착오와 실패를 미리 살펴보고 나아가는 것이다.

그런데 또 한 가지 빼놓을 없는 중요한 변수가 생겼다는 점을 말하지 않을 수 없다. 화훼업계도 2016년 11월부터 '김영란법'의 영향을 받게 되었다. 풀어서 설명하면 '부정청탁 및 금품등 수수의 금지에 관한 법률'이고, 약칭은 '부정청탁금지법'이다. 다소 말이 어렵게 느껴질 수 있지만 본질은 '부정한 방법으로 청탁하지 말고 공명정대하게 일을 처리하자'일 것이다. 또한 김영란법의 목적은 공직자들의 공정한 직무수행을 보장하고 공공기관에 대한 국민의 신뢰를 확보하는 것이다.

그런데 왜 화훼업계가 타격을 입었을까? 선물을 주고받는 과정에서 이해관계가 발생하기 때문이다. 꽃선물은 마음을 전달하는 좋은 수단이지만, 직무관계가 얽혀 있다면 법에 저촉될 수 있다. 그러다 보니 꽃을 안 주고 안 받는 게 오히려 속 편하다고 말하는 사람들이 많아진 것이다.

실제로 법의 허용기준이 있음에도 불구하고 김영란법 자체가 애매하거나 어려울 때가 있다. 예를 들어 꽃을 주문하는 사람을 민간인, 공무원, 기업인 이렇게 세 부류로 나눌 수 있다고 가정해보자. 이는 초등학생 6학년 홍길동, 그의 담임 선생님, 그리고 중소기업을 운영하는 사장이다. 스승의 날에 홍길동이 담임 선생님에게 카네이션을 드린다면 김영란법에 걸릴 수 있다. 학업성적 평가에 영향을 미칠 수 있다고 보기 때문이다. 하지만 6학년 2학기 기말고사 채점이 모두 끝난 다음에는 상관이 없다. 그러므로 학기 중에는 작은 마음의 선물이라도, 그것이 꽃이라도 오해를 불러올 수 있다.

한편 중소기업 사장이 선생님에게 승진 축하 목적으로 화환을 보낸다면, 거기에 직무 관련성만 없으면 100만 원 이하는 얼마든지 가능하다. 또한 관련성이 있더라도 다음과 같은 경우는 괜찮다. 김영란법 8조 3항 2호는 다음과 같다. "원활한 직무수행 또는 사교·의례 또는 부조의 목적으로 제공되는 음식물·경조사비·선물 등으로서 대통령령으로 정하는 가액 범위 안의 금품 등은 가능하다." 사실 이 말이 좀 어렵다. 나도 한참을 읽고 또 읽어보았다.

간단히 말하면 직무 관련성이 있어도 사교나 의례적인 경우에는 10만 원 정도까지는 괜찮다는 내용이다. 여기서 "대통령령으로 정하는 가액 범위"란 다음 도표의 금액을 말한다.

부정청탁금지법 시행령 개정 내용 (2018. 1. 17 시행) (요약)

구분		기존	변경
가액 범위	음식물	3만 원	동일
	선물	5만 원	5만 원 (농수산물·가공품 10만 원)
	경조사비	10만 원	5만 원 (화환·조화 10만 원)

꽃을 주문하면서 이렇게까지 꼼꼼히 따져보는 사람은 거의 없겠지만, 꽃을 판매하는 사장 입장에서는 참고로 알아두면 도움이 될 것이다. 그러니 안심하고 10만 원까지는 괜찮다고 말해주면 된다.

최초의 김영란법은 규제가 심했지만, 2018년 1월 17일에 개정안이 시행되면서 화환/조화는 10만 원, 농수산물도 10만 원까지 허용된 것이다. 김영란법이 시행되면서 여러 혼란스러웠던 점을 어느 정도 보완하고 개선한 것이다. 그렇다 해도 스승에게 드리는 제자의 카네이션은 아직 허용되지 않고 있다.

사실 우리 부모님도 양재동에서 30년째 꽃집을 운영하시는데, 작년보다 매출이 반으로 줄었다며 많이 속상해하셨다. 이렇게 요즘 화훼업계는 10년 전보다 절반 이하로 시장 규모가 줄었다. 나의 체험을 공유해보자면, 몇 년 전 성균관대 창업드림캠프에서 우수상을 받게 되어 중국으로 기업체 탐방을 갔다. 그 혜택에 감사했고 마음을 전하고자 작은 화분을 선물했다가 김영란법 때문에 도로 가져올 뻔했다. 다행히 원활한 직무수행과 사교의 목적으로 선물한 것이기에 문제가 없다 보고 잘 정리되었다.

공공기관에서는 아예 꽃배송 기사의 출입을 막기도 한다. 이런 경우를 대비해 김영란법에 대한 내용을 메모카드로 만들어서 기사님에게 미리 주면 좋을 것 같다.

우리나라에는 아직도 경조사가 많다. 결혼식장과 장례식장은 늘 사람들로 붐빈다. 또한 매년 1월과 7월이면 인사이동도 있다. 화환부터 꽃다발까지 꽃선물은 우리에게 일종의 문화다. 법에 의해 위축된 부분이 있지만 그렇다고 사라질 문화는 더욱 아니다. 사람들은 여전히 '꽃배달'을 검색하고 꽃선물을 보내고 있다. 아무쪼록 김영란법 걱정 없이 누구나 기분 좋게 꽃을 선물하고 받는 풍토가 되었으면 하는 바람이다.

처음부터 조금 무거운 내용을 말했다. 이제부터는 꽃집 창업과 그 안의 기회를 다룰 것이다. 그렇기 때문에 우선 어려운 화훼업계의 현실을 먼저 언급했다.

이름이 알려진 사람들이
너도나도 꽃집을 창업하는 이유

연예인 사업가가 상당히 많다. 사업을 했다가 크게 실패한 사람도 있고 크게 성공한 사람도 있다. 유명세만큼 브랜드 가치가 있고, 기존 팬들의 인기와 사랑까지 있으니 사업이 성공하면 더 잘될 것이다.

그렇다면 연예인 중 꽃집으로 잘된 케이스가 있을까?

달인 플라워, 박미선 플라워, 박현빈 플라워, 컬투 플라워, 박혜경 플라워 등 찾아보면 생각보다 많다. 그런데 실상은 연예인의 이름만 빌리고 실제 경영은 다른 사람이 하는 경우가 많다. 오프라인 꽃집을 운영하려면 고객을 만족시킬 탁월한 기술과 차별화된 영업을 갖추어야 하기 때문이다. 그런데 손수 꽃을 만지는 남자 가수가 있다. 플라이 투 더 스카이의 브라이언 씨다.

그는 청담동에서 플라워 레슨도 열고 직접 꽃상품을 만들어 판매하고 있다. 우연히 TV에서 그의 창업 스토리를 듣게 되었는데 브라이언 씨는 어렸을 적부터 꽃을 아주 좋아했다. 자진해서 잔디 깎는 일까지 했고 훗날 꽃집을 창업하겠다고 소망했는데 그 꿈이 현실로 이루어졌다고 한다. 적절한 시기에 친분 있는 플로리스트에게 꽃집 창업 제안을 받았고 기회다 싶어서 시작했지만 우여곡절도 많았다고 한다.

그런데 아무리 유명한 연예인이라고 해도 진정으로 꽃을 좋아하고 꽃일을 즐기지 않는다면 사업이 오래가기 쉽지 않다. 우리 아버지도 평생 동안 화훼 일을 하셨지만 여전히 꽃일을 할 때 가장 행복하다고 말씀하신다. 열심히 땀 흘려 일한 만큼 보람도 느끼고 스트레스도 풀리신다며 틈만 나면 일을 하신다. 이는 마치 농부의 마음과도 같다. 그래서 나는 꽃사업은 농부의 마음으로 천천히 인내하고 즐기면서 씨를 뿌려야 한다고 생각한다.

열정을 다해 뿌린 씨앗은 적절한 기후와 환경 속에서 시간이 지나야 비소로 싹을 틔우고 꽃을 피운다. 꽃집을 창업하고자 하는 사람에게는 반드시 일을 사랑하는 태도와 더불어 인내심이 꼭 필요한 이유다. 사실 어떤 창업을 하더라도 마찬가지 원리가 적용된다.

꽃으로 성공한 사람들을 보면 공통적으로 인간관계가 좋고 인사를 잘하는 분들이 많았다. 그리고 꽃을 진심으로 사랑하는 분들이었다. '우아해 보이고 돈 좀 벌 거 같으니까' 하는 막연한 기대감으로 시작하기보다는 어떻게 하면 꽃을 더 사랑하고 꽃의 가치를 더 많은 사람들에게 전할 수 있을까 하는 마음으로 노력하는 사람이 오래갈 수밖에 없다.

대부분의 비즈니스도 마찬가지지만 꽃집 역시 사람을 상대하는 피플 비즈니스다. 그리고 요즘은 일상의 꽃문화를 보급하기 위해 라이프 비즈니스까지 확장된 상태다. 결국 사람들이 꽃이 좋아서 사기도 하지만 꽃을 파는 사람과의 관계가 좋아서 그 꽃집에서 구매하는 일도 많다. 꽃을 파는 사람은 품격, 이미지, 호감도, 매력도 등을 잘 관리하면서 사람들과 좋은 관계를 맺는 게 우선일 것이다.

"꽃선물은 일주일만 지나면 시들어버리는데 돈이 아깝다"라고 말하는 분도 있다. 하지만 나는 시들기 때문에 아름답다고 말하고 싶다. 가장 아름다운 절정을 보여주고 장렬히 전사하는 것이 꽃이다. 우리 인간도 가장 생동감 있는 청년 시절에 아름다움을 뽐내고 이성을 만나 결혼하게 된다. 꽃은 살아 있음의 절정이다. 그 꽃의 향기, 빛깔, 자태는 모두 제각각이라서 어느 것 하나 예쁘지 않은 것이 없다. 아름다운 꽃을 다루는 직업은 그 자체만으로도 자부심을 가질 만하다고 생각한다.

유명한 연예인들이 꽃사업을 하는 이유 중 하나는 이미 인맥이 확보되었기 때문이라고 해도 과언이 아니다. 연예인이라면 지인들이 경조사 때 꽃을 사주면 그것만으로도 상당할 것이다. 하지만 나는 인맥이 넓지 않은 일반인도 얼마든지 꽃집 창업을 할 수 있다고 본다.

3명의 절친한 지인만 있어도 내가 꽃사업 하는 것을 명확히 알리고 그들을 감동시키고 설득시키는 것이다. 처음부터 큰 욕심을 가지고 모든 고객을 만족시키려고 하면 오히려 한 사람도 제대로 만족시킬 수 없다. 요즘에는 생일이나 기념일 정보가 공유되는 경우가 많다. 지인들의 경조사는 다이어리에 꼭 체크해놓았다가 그날이 되면 장미꽃 한 송이라도 선물해보길 바란다. 꽃에 대한 나의 열정도 인지시켜줄 수 있고, 지인은 예상치 못한 선물에 감동을 받을 것이다.

내 경우에는 탄생화 정보를 공부해두었다가 누군가 생일이 되면 탄생화에 얽힌 좋은 의미의 꽃말을 알려주고 축하해준다. 그러면 그는 평생 동안 자신의 탄생화를 기억하게 될 것이다. 가끔 꽃말이 좋지 않은 꽃도 있다. 그럴 때는 의미를 각색하여 전달해도 좋다. 어찌 됐든 상대가 그 꽃의 주인공이 되게 하고, 그 스토리를 알면 된다.

똑같은 꽃을 팔더라도 고객의 입장에서 한 번 더 생각하여 스토리 마케팅을 한 기업은 잘될 수밖에 없다. 내가 고객에게 전달하고 싶은 가치가 무엇인지 명확하게 정리해보아야 한다. 행복, 위로, 휴식, 아름다움, 평안, 기쁨 등 그대가 전하고 싶은 가치는 꽃을 통해 더 증폭되어 고객의 마음에 따스함을 전달해줄 것이다.

성공 창업,
시작이 쉬워야 한다

한 달 생활비 30달러로 시작해 우주를 재패한 남자

전기 자동차 테슬라의 창업자이자 민간 우주탐사의 시초를 연 앨런 머스크는 처음 창업을 할 당시에 '1달러 프로젝트'라는 것을 시도했다. 하루에 1달러만 써서 한 달간 30달러로 생활해보는 것인데, 이런 생활이 가능한지 궁금했기 때문이라고 한다. 그러니까 최악의 경우 사업이 망해도 한 달 최저생계비 30달러만 있다면 도전 못 할 일이 없다는 것이다.

이를 실행하기 위해 매일 오렌지주스와 핫도그만 먹으면서 한 달간 살아보았는데 그게 가능하다는 거였다. 그리고 자신이 창업을 하여 30달러 이상을 벌면 흑자가 된다는 논리였다. 나도 이 이야기를 들고 한 달 동안 비슷하게 생활해본 적이 있다. 하루 2끼만 먹어도 충분히 생활이 가능하므로 한 끼는 라면, 한 끼는 편의점 도시락을 사 먹었다. 처음에는 좀 힘들었지만 불가능한 일은 아니었다.

우리는 창업을 시작하기에 앞서 돈, 시간, 인맥 등 여러 가지를 검토해볼 것이다. 그런데 자본이 없어서 창업을 못 한다는 사람이 제일 많을 것이다. 정말 그럴까? 정부나 사람들은 창업에 도전하라고 말하면서도 실패를 한 창업자에 대해서는 관대하지 않을 때가 많다. 한두 번 실패하다 보면 빚이 늘고 은행에서도 더 이상 대출을 받기 힘들다. 성공에 대한 확신을 가지고 호기롭게 창업을 했다가도 실패하면 고스란히 대표가 책임져야 한다. 그래서 우리는 창업 전에 충분히 역량을 쌓고, 사업계획서를 수십 번 고쳐 쓰기도 하며, 손익계산을 해본다.

내가 만약 500만 원을 모아두었다면, 이것을 가지고 한 달 최저 생계비는 얼마로 하며 사업비로 매월 지출하는 금액과 매월 순수익으로 벌어들이는 숫자를 정확히 셈할 줄 알아야 한다. 물론 돈이 없이도 창업하는 방법이 없진 않다. 하지만 결국 투자 대비 수익이 나야 한다. 그래서 사람들은 사업할 때 수업료를 내야 한다고 말한다.

결국 창업을 위해서는 현실감각, 금전감각, 문제인식, 문제해결, 사람관리 등 다방면으로 지식과 역량을 쌓아야 한다. 하지만 처음부터 모든 것을 다 잘할 수는 없다. 지금 내가 할 수 있는 가장 작은 기초 영역부터 하나씩 터득해나가다 보면 두루두루 경영 스킬이 생길 것이다.

앨런 머스크는 30달러, 나는 30만 원으로 한 달 생활이 가능하다는 것을 알았다. 이 책에서 설명할 온라인 꽃집을 창업하면 성과를 내는 데까지 약 100일이 걸릴 것이다. 그러니 혼자서 3달 동안 버틸 생계비 100만 원 정도만 있으면 도전해보라고 말하고 싶다. 나는 생전 처음 사업자를 내고 창업을 해서 첫 달 수익이 5만 원이었다. 꽃다발 한 개를 팔았던 것이다. 그랬던 내가 어떻게 한 달 1,000만 원의 매출을 올릴 수 있었을까?

하루 1%, 15분의 위력으로 비즈니스를 바꾸다

베스트셀러 《하루 1%》의 저자 이민규 교수는 말한다. 누구에게나 공평하게 하루 24시간이 주어진다. 24시간 중 1%는 15분이다. 매일 15분씩 꾸준히 규칙적인 행동을 하면 삶은 바뀐다.

물도 99도에서는 끓지 않지만 1도만 더하면 100도에서 비로소 끓게 되고, 배도 방향키를 1도만 바꾸면 전혀 다른 곳에 다다른다. 몇 년 전 이 책을 읽고 나서 지금도 15분 이상 매일 하는 게 있다. 바로 '독서 15분, 운동 15분, 감사일기 5개 적기'이다. 이 덕분에 나는 매사에 감사하는 마음과 긍정적 태도를 갖게 되었고, 풀코스 마라톤을 2번 완주하고, 철인 3종 경기에 참가할 정도로 체력이 향상되었다. 또한 1년 넘게 그린나비 독서 모임도 진행하고 있다.

저자는 운동을 전혀 하지 않는 사람에게 하루에 1개의 팔굽혀펴기를 하라고 한다. 책을 전혀 읽지 않았던 사람에게는 하루 2페이지를 읽으라고 한다. 그러다가 단련이 되면 스스로 개수와 페이지를 늘리는 것이다. 한 달 동안 계속 2페이지만 읽어도 된다. 다음 달에는 3페이지를 읽으면 되니까. 이는 작지만 반복적인 성취가 승리의식과 자존감을 높여주기 때문이다. 나 또한 군대에서 하루 50개 팔굽혀펴기를 시작하여 한두 개씩 늘리다 보니 1년이 지났을 때는 1,000개를 한 번에 할 수 있게 되었다. 스스로도 놀라웠다.

매일 감사일기를 5개씩 쓰는 것도 아주 효과가 좋다. 습관과 의식을 바꾸어주기 때문이다. 매일 1분 청소도 삶을 단순하게 만들어준다. 꽃 전문가로 거듭나기 위해 매일 한 개씩 꽃 공부를 해보기를 추천한다. 그냥 꽃 이름과 생김새만 알아도 새로운 친구를 사귀는 기분이 들 것이다. 그 방법으로 '365일 탄생화'가 있다. 관련 책도 있고 농촌진흥청 홈페이지에 들어가 보면 오늘의 꽃 코너에 사진과 글이 잘 나와 있다.

작은 아이디어 하나로 세상을 바꾸다

우리가 보통 창업 대신에 취업을 택하는 이유는 안정적인 수입 때문이다. 같은 날짜에 정해진 보수를 지속적으로 받는다면 마음이 편할 수 있다. 하지만 그 이상의 수입은 기대하기 어렵다. 야간에 아르바이트를 하거나 투잡을 뛰어야만 한다.

더 이상 같은 보수에 만족할 수 없다면 창업을 바로 시작하라. 일단 처음에는 아주 작게 시작하는 것이다. 직장을 다니면서도 천천히 알아볼 수 있다. 그러다가 확신이 들었을 때 나를 던지는 것이다. 바로 '좋은 결과 확신'이라는 바다에 몸을 던지는 것이다. 그렇게 100% 믿고 결국엔 잘될 거라는 앎이 있어야 한다.

나 역시 꽃집 창업을 하고 나서 아이디어 화분을 만들겠다는 결심을 하고 나니 그다음으로 할 행동들이 마구 떠올랐다. 실리콘으로 할지, 유리로 할지, 플라스틱으로 할지, 재질을 선택해야 했다. 실리콘으로 정하고 나니 컬러를 정해야 했다. 좋은 컬러를 뽑고 싶어서 찾다 보니 팬톤컬러라는 것도 알게 되었다. 그리고 문지르면 향기가 나는 화분도 만들게 되었다. 출시가 되었고 수천 개의 화분이 팔렸고 그 아이템을 가지고 수업도 하고 강연도 하게 되었다. 지에스 사에서 강연도 했다. 이 모든 결과를 우연이라고 할 수 있을까. 난 그저 세상에 유익한 좋은 화분을 만들고 싶다는 결심을 했을 뿐인데, 기업에서 강연을 하게 될 줄은 꿈에도 몰랐다. 그리고 지금은 이렇게 꽃집 창업에 대한 책도 쓰고 있다. 그러므로 처음부터 100% 구체적인 계획을 가질 필요가 없다.

'하다 보면 잘되겠지'가 막연한 희망처럼 보일 수 있지만 정말 말대로 실현된다. 불황기에 10배가 성장하고 손대는 일마다 세계 1위가 된 신화를 일군 회사가 있다. 바로 일본전산이다. 일본전산의 '즉시, 반드시, 될 때까지'는 수많은 기업들의 구호가 되고 있다. 1973

년 시골 창고에서 4명으로 시작된 회사가 50년이 지난 지금도 건재하며 15조 원의 매출을 올리고 있다. 그 원동력은 열정, 의욕, 집념이다. 어떻게든 시작하라. 아주 작게 시작하라. 그리고 반복하라. 그 결과는 창대할 것이다.

딱 3개월만
제대로 준비하자

'기초 튼튼'은 모든 성공의 아버지, '기본 충실'은 모든 성공의 어머니

유비무환有備無患이라고 했다. 준비를 하면 걱정이 없다는 뜻이다. 준비를 잘하면 걱정도 없거니와 성공도 있다. 그런 의미에서 나는 '유비유성有備有成'을 강조한다. 그렇다면 꽃집 창업으로 성공하려면 무엇을 준비해야 할까?

나는 그 첫 번째 단계로 '자아성찰'을 꼽는다. 스스로를 온전히 성찰할 수 있어야 한다. '지피지기 백전불태'라고 했다. 절대 지지 않는 싸움을 할 수 있다. 일단 내가 어떤 성향인지, 나의 강점과 장점은 무엇인지 파악해야 한다. 내가 무엇을 좋아하고, 언제 가슴이 뛰는지 끊임없이 내면의 소리에 집중해야 나를 알 수 있다.

멀리 가길 바라는가? 높이 쌓길 바라는가? 그렇다면 더욱 기초와 기본에 충실해야 한다. 자아성찰은 나의 길에 대한 'why, how, what'을 알게 한다. 예를 들어, 5층짜리 아파트를 지으려고 할 때와 63빌딩처럼 높은 건물을 지으려고 할 때는 그 기초 터파기 공사부터 완전히 다르다. 그러므로 내가 지으려는 건물이 아주 크고 화려하고 멋진 것이라면 그에 따른 기초를 다지는 시간도 기꺼이 길고 인내가 필요하다.

나는 꽃집을 창업하기 전부터 10년 이상 부모님의 꽃집에서 아르바이트를 했다. 그리고 약 3년 정도는 서울에서 알아주는 꽃집에서 직원으로 일했다. 그러면서 수많은 성공한 꽃집 사장님들을 보았다. 가깝게는 우리 아버지만 하더라도 중학교 때부터 장미 농사를 지으시며 식물에 대한 공부와 애정을 쌓다가 자연스럽게 화원을 하시게 되었다.

그러므로 배울 수 있을 때 야무지게 배우는 것이 좋다. 나중에 대표가 되고 나면 그때는 또 그때 배울 게 따로 있다. 1학년을 6년 다닌다고 2학년이 되는 게 아니다. 1학년 과정을 충실히 마쳤을 때 2학년으로 올라갈 수 있는 자격을 부여받는다. 그러므로 현재 내가 낮은 지위에서 궂은일만 한다고 불평하기보다 그 과정을 긍정적으로 잘 극복해야 멋진 리더가 될 수 있다. 그리고 일하다 보면 고독감이 찾아올 수 있다. 하지만 이때 고독감보다는 '고독력'을 선택하자. 여기서 고독력이란 '고독감을 온전히 받아들이고 느낄 수 있는 힘'을 의미한다.

무언가를 제대로 할 때는 고독한 법이고, 나를 위한 시간을 온전히 보내고 있다는 뜻이다. 결국 우리는 고독을 통해 찬란한 행복감을 맛볼 수 있다.

큰 변혁이 이루어지는 시간, 100일

꽃집 창업의 기본기를 다지는 시간은 최소 100일 정도로 습관 형성에 필요한 시간이다. 빠른 것도 중요하지만 제대로 가야 한다. 물론 사업은 이후에도 1,000일, 10,000일, 끝도 없이 배우며 스스로를 절차탁마해 성장해야 한다.

우리 '이대강 꽃집창업 아카데미' 프로그램도 5주 과정, 12주 과정, 15주 과정이 있다. 물론 2시간짜리 특강도 있다. 마라톤으로 비유하면 2시간 특강은 200미터 단거리 경주, 5주 과정은 10km, 12주 과정은 21km(하프코스), 15주 과정은 42.195km(풀코스)에 해당한다. 이는 내가 군대에서 5km 달리기에서 거의 꼴등을 하고 나서 체력과 지구력을 키우기 위해 부대 내 연병장을 한두 바퀴씩 뛰다가 휴가 때마다 마라톤을 신청해 결국 풀코스 마라톤을 완주한 것에서 착안하였다.

내가 제안하는 15주 100일 프로세스 과정은 다음과 같다. 꽃사업에 필요한 자세, 지식, 콘셉트, 노하우, 전략, 마케팅, 글쓰기, 나누기까지 그동안 내가 십 수 년간 수억 원을 들여서 배우고 경험했던 모든 것이 녹아든 프로그램이니 꼭 한 번 들어볼 가치가 있다고 자부한다.

1주차 – 나는 누구인가? 내가 잘하는 것은 무엇인가? 나는 왜 꽃집을 하려 하는가?

2주차 – 꽃집 사장으로서의 태도, 해야 할 일, 핵심가치, 사명 발견하고 선포하기

3주차 – 꽃에 대한 지식을 매일 꾸준히 하루 15분 이상 익혀나가기(탄생화, 식물경영일지)

4주차 – 돈에 관한 관점, 패턴, 인식을 성찰하고 풍요마인드 세팅하기(백만장자 시크릿)

5주차 – 꽃에 관한 영화, 음악, 시, 고전 공부하기(문화, 예술을 접목한 나만의 감성 콘텐츠)

6주차 – 가까운 곳에 위치한 꽃 도매점, 소매점, 백화점 방문하기(서울 강남, 강북)

7주차 – 나랏돈 활용할 수 있는 인터넷사이트 방문, 사업계획서 작성하기(K-스타트업)

8주차 – 자기관리, 기록관리, 시간관리, 목표관리를 통한 성과 300% 이상 올리기(3p 바인더 활용)

9주차 – 나의 사업을 질적, 양적으로 성장시킬 수 있는 지식경영 습관 들이기(독서, 감사, 일기)

10주차 - 21일 동안 판매되는 주력 꽃상품 집중적으로 공부하기 (꽃 파는 사람들)

11주차 - 온라인 꽃쇼핑몰 구축하고, 주문서 및 인수증 작성하는 법 익히기(꽃사와 우리샵 쇼핑몰 활용)

12주차 - 기초 분갈이, 상품 만들기, 상품 포장, 고객 응대, 상품 진열 등 배우기(aT 꽃집창업지원센터, 꽃문화체험관 활용)

13주차 - 수주 및 발주 프로그램 익히기, 행정, 회계, 세무 관련 지식 늘려가기(로즈웹, 세무사 연결)

14주차 - 직원 및 고객 관리, 자신만의 성공 매뉴얼 만들기(3p 바인더 스스로 정리)

15주차 - 총 복습, 부족한 것 보완하기, 활용(피드백, 나눔)

15주면 딱 105일이다. 내가 이야기하는 꽃집 창업은 온라인 위주로 교육되지만 물론 오프라인 꽃집 창업에도 적용될 수 있다. 그리고 현재 aT(한국농수산식품유통공사) 꽃집창업지원센터가 활발하게 운영되고 있으니 그곳을 100% 활용할 수 있도록 자세히 안내할 것이다. 정부 지원을 위한 창업넷(K-스타트업) 사이트와 소상공인진흥공단 사이트 방문은 자본이 없는 초기 창업자들에게 희망이 되는 정보를 줄 것이다. 대출 또는 투자를 받을 수도 있다. 6장에서 더 자세히 설명하겠다.

마케팅은 더 이상 선택이 아니라 필수다. 그러므로 어떤 마케팅이 우리 꽃집에서 더 효과적이고 효율적인가 잘 판단하고 시작해야 한다. 결국 고객을 설득시키고 만족시키고 감동시키는 모든 과정을 통해서 판매와 유통은 이루어진다.

마케팅을 가르치는 곳은 정말 너무도 많다. 우리 회사에서도 마케팅 기본 교육이 가능하며 우리나라에서 1, 2위를 하는 전문 마케팅 업체를 소개해주기도 한다. 마케팅은 숫자로 말한다. 성과는 데이터를 보면 알 수 있다. 얼마나 많은 사람들에게 나의 제품과 서비스가 노출되었는지 그리고 반응했는지 보면 된다. 그리고 구매전환율, 재방문율 등을 통해 고객을 관리해나가면 된다. 이는 마치 아이를 키우듯 끊임없이 고객의 목소리를 듣고 눈을 떼지 않으면서 다음에 무엇이 필요한지 예측하고 대비하는 것과 비슷하다.

또한 플로리스트 학원 선택도 참 중요하다. 자격증도 중요하지만 기본적인 기술을 습득해야 오프라인에서 꽃집을 차리고 유지할 수 있다. 기초과정 3개월이면 어느 정도 꽃상품을 만들 수 있지만 이후에도 끊임없이 노력하며 상품의 퀄리티를 높여야 한다. 10년 이상 경력의 실력 있는 플로리스트들도 주변에 상당히 많다.

참고로 나는 우리나라 꽃예술 업계에서 단연 최고라고 일컫는 방식꽃예술원에서 1년 6개월가량 공부하였다. 그리고 서울 잠실에 있는 한 아카데미에서 3개월간 꽃집창업반 과정을 이수하였다. 요즘은 국비가 지원되는 곳도 많으니 직업훈련포털^{HRD-Net}에 접속하여 '꽃집 창업' 또는 '플라워샵' 키워드로 검색하면 제법 나올 것이다.

　　그리고 최근 들어 농림부에서도 aT 화훼사업센터에 '꽃집 창업 지원센터'라는 곳을 개소하여 무료 컨설팅과 상품제작 교육을 전폭적으로 지원하고 있으니 활용해보면 좋을 것이다. 또한 조경 쪽에 관심 있는 분들은 녹색문화예술포털 '라펜트'에 접속하기를 바란다. 이곳에 들어가면 방대한 뉴스와 취업 정보를 접할 수 있다. 나는 라펜트의 녹색기자로서 꽃집 탐방 인터뷰라든가 꽃집 창업에 도움이 될 만한 기사를 집중적으로 쓰고 있다. 최근에는 양재 꽃시장 aT 화훼사업센터 이원기 센터장을 뵙고 좋은 이야기를 들었다.

오프라인샵에서
온라인샵으로 방향을 틀어라

49플라워와 39플라워가 등장하는 이유

요즘 TV에서 49플라워 광고를 볼 수 있다. 49,000원 가격이란 뜻이다. 황비홍 같은 남자가 나와서 현란한 무술을 보여주고 4!9!플! 라!워!를 힘주어 외치는 노래가 들린다. '홍보 영상 참 잘 만들었네' 하는 마음과 동시에 한숨도 나온다. 이 한숨은 꽃 소매업자들이라면 공감할 것이다.

공산품 찍어내듯이 큰 하우스에서 여러 화환 기사를 두고 하루에도 몇 백 개씩 생산하고 유통하는 큰 업체들이 있다. 이런 곳이 온라인에서 광고까지 해버리면 소매로 화환을 취급하는 업체에서 그만큼 주문이 줄기 마련이다. 누구나 인터넷으로 접속하여 클릭 한 번으로 꽃배송이 가능하므로 온라인 꽃시장도 더욱 치열해졌다. 나 역시 네이버에서 파워링크를 활용하여 한 달간 광고를 집행해본 적이 있는데 정말 즉각적인 효과가 있었다.

광고를 시작한 지 1시간 만에 연락이 와서 꽃을 보내기도 했다. 생각보다 많은 사람들이 인터넷 주문을 선호한다. 머지않아 '무인 꽃 주문' 같은 시스템도 생길 것이라고 본다. 기존의 꽃 주문 방식은 아날로그 방식이라 주문하는 사람과 받는 사람 모두 번거로울 때가 있다. 주문자와 입금자 정보, 배송지 주소와 연락처, 축하 문구의 철자까지 일일이 확인하고 발송해야 하기 때문이다. 요즘에 지하철역마다 꽃 자판기가 늘어나는 것만 보더라도 예상되는 풍경이다.

한편 경조사 화환 중에 39,000원을 홍보하는 곳도 본 적 있다. 정말일까 궁금하기도 하여 직접 전화해서 물어보았는데 맞다고 한다. 그런데 배송비는 별도라고 한다. 거리에 따라 달라지지만 보통 최저 금액은 9,000~15,000원 사이이다. 결국 39,000원으로 홍보하는 곳도 배송비가 없는 49플라워랑 비슷한 가격인 것이다. 고객은 '어차피 한 번 쓰고 버릴 거 싼 걸로 하지 뭐' 하겠지만 주는 사람과 받는 사람의 마음을 생각하면 꼭 싼 것만 찾을 일은 아니라고 생각한다.

꽃집 사장은 자신의 상품에 대한 가치를 정당하게 요구해야 하고 손님은 그 가치에 합당한 돈을 지불하는 것이 맞다. 내가 아는 LED 화환 사장님은 모든 화환의 값을 10만 원으로 정했다. 그런데도 주문이 쇄도한다. 직접 화환 시장을 개척한 것이다. 반짝거리는 LED의 특수성에 크기도 키워 더 큰 기쁨과 감동을 느낄 수 있게 한 것이다. 우리 부모님도 수십 년째 화환을 취급하시지만 마찬가지로 10만 원 밑으로 화환값을 내린 적이 없다. 그래도 단골고객은 몇 십 년째 꾸준히 주문을 해주신다. 다시 말해 상품이 싸다고 잘 팔리고 비싸다고 안 팔리는 게 아니다.

지나친 가격 경쟁으로 전체 화환 가격이 한없이 내려가면 그만큼 수익은 적어지고 노동량은 많아진다. 판매량을 늘려야 하기 때문이다. 그런 경쟁으로 인한 발전도 있겠지만 결국 화훼업 전체가 힘들어질 수 있다. 매년 경제가 침체되고 불황이라고 하지만 아직도 명품 시장은 호황을 이룬다. 꽃도 이제는 소장가치가 있는 상품으로 바뀔 필요가 있다. 어떤 다육식물은 수천만 원도 하고 어떤 소나무는 수억 원도 한다. 그래도 잘 팔린다. 사람들의 소비 심리를 잘 이해하고 파악해야 한다. 마냥 싼 꽃값으로 승부를 본다면 그 효과 기간이 짧을 것이다. 어떻게 하면 우리의 꽃상품을 더 가치 있고 아름답게 할 수 있을지 생각하며 명품화 전략을 세워나가야 한다.

치킨이나 중국음식을 싫어하는 사람은 별로 없다. 집마다 냉장고에 치킨집과 중국집 자석 전단물이 하나씩은 붙어 있을 것이다. 그런데 이것으로 중국집은 한 달에도 수천만 원의 매출을 올린다고 한다. 짜장면 배달이나 꽃배달이나 모두 신속, 정확, 친절한 서비스가 중요하다. 그런데 나는 조금 다른 방법으로 배달할 수 있는 방법을 연구 중에 있다. 탕수육을 시켰을 때 군만두를 주는 서비스는 일반적이다.

만약 탕수육을 시켰을 때 탕수육을 하나 더 주면 어떨까? 아니면 장난감을 주는 건 어떨까? 마치 맥도날드에서 어린이들을 겨냥한 해피밀 세트를 만든 것처럼 말이다. 또한 꽃다발을 주문했는데 여성이 좋아할 만한 작은 인형을 주는 것도 예상치 못한 감동을 줄 것이다. 상식을 깨는 행동 속에 답이 있을지도 모른다.

자, 그러면 이제 바꾸어서 생각해보자. 소매업체들의 원성을 사면서도 그리고 이미 온라인 쇼핑몰이 많음에도 불구하고 이렇게 계속 온라인 꽃업체들이 늘어나는 이유는 무엇일까? 그것은 바로 수요가 있기 때문이다. 아직 많은 사람들이 동네의 꽃가게에서 꽃 사기를 부끄러워하거나 꺼려한다. 그리고 갑자기 꽃이 필요해서 주문하려고 해도 중국집처럼 냉장고에 붙여놓은 전단지가 없다. 그래서 지인에게 연락하거나 인터넷에서 찾는 경우가 대부분이다. 그렇게 온라인 샵은 무한한 기회의 땅이 되는 것이다.

내가 아는 SNS 마케팅 강사님은 온라인에 홈페이지를 구축하고 쇼핑몰을 만드는 것 자체가 온라인 영역에서 부동산을 사는 것과 마찬가지라고 말하였다. 이해가 되는가? 온라인도 우리가 밟고 있는 땅과 마찬가지로 좋은 곳이 따로 있다. 그리고 온라인에도 사람들이 자주 모여서 비싼 장소가 있다. 이제 10만 제곱킬로미터 정도 되는 우리나라 땅에서 벗어나 무한대의 영역인 온라인 시장을 개척해보자. 그곳에 길이 있고 대박이 있다.

무한대의 영역, 온라인 땅부자가 되라

우리나라 토지 면적이 1,002만 헥타르, 즉 10만 제곱킬로미터 정도다. 그중에 내 땅이 없다 해도 실망할 필요가 없다. 무한대의 영역인 온라인 땅을 조금씩 넓혀가면 된다. 블로그를 하나 개설해도 온라인 땅을 차지한 것이나 마찬가지다.

네이버 첫 화면 상단 가로 20cm, 세로 3cm 정도 공간에 반짝거리며 움직이는 광고를 본 적이 있을 것이다. 이곳에 광고를 하려면 한 달에 얼마가 드는지 알고 있는가? 우리나라에서 제일 비싼 땅은 명동에서 네이처 리퍼블릭이 있는 곳이라고 한다. 바로 이곳 명동 8길에 위치한 땅은 공시지가 기준으로 1㎡당 91,300,000원, 1평당 301,290,000원을 기록했다. 2004년부터 15년째 전국 최고 땅값 자리를 지키고 있다. 그런데 더 놀라운 사실이 있다. 네이버 첫 화면 상단 타임보드의 한 달 광고비가 3억 7,250만 원으로 그 비싼 명동 땅값보다 약 7,000만 원 더 비싸다.

확인하고 싶다면 네이버 광고 영역으로 들어가 디스플레이 광고 단가표를 다운받아서 보면 된다. 너무 놀랍지 않은가? 이렇게 대한민국에서 오프라인 땅값이 가장 높은 곳이 명동이라면, 온라인상에서 땅값이 높은 곳은 네이버를 비롯한 각종 포털 사이트인 것이다.

즉 www^{world wide web}이라고 하는 인터넷 공간에 네이버도 자리를 잡았고 구글도 자리를 잡은 것이다. 우리가 매달 인터넷선으로 접속하는 그 공간을 활용하면 명동의 땅부자가 부러울 것이 없는 셈이 된다.

그래서 온라인 마케팅 과정과 SNS 수업이 끊임없이 성행한다. 나 역시 온라인 마케팅 공부에만 쏟아 부은 돈이 수천만 원은 넘을 것이다. 이메일 정도만 보내던 내가 인터넷을 알게 되고 블로그도 배우고 카카오스토리도 배우면서 SNS를 시작한 것이다. 그러니 지금부터 시작해도 전혀 늦지 않다. 핵심적인 것만 알아도 꽃사업을 하는 데 전혀 지장이 없다. 그리고 내가 오랜 시간 동안 많은 돈을 들여 배운 과정을 책을 통해 나눌 수 있어서 다행이라고 생각한다.

오프라인 꽃집을 차리기 위해서는 최소한 2,000에서 3,000만 원이 들어간다. 강남의 번화가는 임대료만 월 2,000만 원이 넘는다. 매달 매입비용, 각종 공과금, 임대료, 인건비까지 감안하면 정말 철두철미하게 준비하고 시작해야 한다. 그리고 손익분기점을 넘는 시점까지 고려하면 상당한 시간이 필요하다. 적게는 1년, 보통은 3년은 지나야 조금씩 자리를 잡는다고들 한다.

하지만 온라인 꽃집은 상대적으로 적은 비용으로 부담 없이 시작할 수 있다. 온라인으로 장사의 맛을 체험해보고 난 뒤 오프라인으로 확장해도 늦지 않다고 본다. 예를 들면, 페이스북으로 성공한 꽃집아재, 꾸까, 원모멘트 등은 한 번씩 들어봤을 것이다. 온라인으로 성장하고 성공한 플라워샵들을 잘 분석해보면 어떻게 SNS 마케팅을 했는지 조금은 보일 것이다. 처음에는 벤치마킹부터하자. 자신이 머릿속으로 떠올리는 콘셉트와 분위기의 꽃집과 유사한 곳을 롤모델로 삼고

유심히 관찰해보자.

온라인 플라워샵을 운영하는 3가지 방법

1. 도메인(www.OOOflower.co.kr) 등록 후 홈페이지를 디자인하고 상품을 등록하여 운영하는 방법

- 쇼핑몰과 홈페이지를 직접 제작하는 방식인데, 비교적 시간과 노력, 정성이 많이 들어간다. 직접 제작하는 방식인 만큼 세세한 부분까지 원하는 대로 거의 100% 구현 가능하다.
- 도메인 비용(1년 1~2만 원)
- 서버 비용(무료도 가능)
- 구축 비용(카드결제 세팅)
- 디자인 비용(직접 하면 무료)
- 각종 공과금(전기료, 통신비 등) 및 식대
- 포장과 택배 비용
- 마케팅 비용(홍보, 광고, 사진, 상세 페이지 제작 등)

카페24, 메이크샵, 고도몰 등에서는 도메인과 서버 관리뿐 아니라 온라인으로 쇼핑몰을 창업하고 관리하는 방법까지 그리고 기초부터 전문가 과정까지 무료교육 과정이 잘 개설되어 있다.

서울 지역 10곳을 비롯하여 영남, 호남까지 전국 26개 창업센터

가 있으므로 일대일 컨설팅을 원한다면 입주하는 방식도 있다. 이곳에 들어가면 쇼핑몰 상품 촬영이 가능한 스튜디오 제공부터 마케팅, 택배까지 지원한다. 초보자는 물론 재도전 창업자에게도 전폭적인 컨설팅 지원을 해준다.

또한 오픈마켓(11번가, 옥션, G마켓)과 소셜마켓(티몬, 쿠팡, 위메프) 등에 판매자로 등록하여 입점하고 일정 비율의 수수료를 지급하는 방식도 있다. 각 기관과 회사마다 판매자 교육센터가 있으므로 일정과 강의 프로그램을 확인해야 한다. 초보 쇼핑몰 창업자는 기초부터 차근차근 교육을 이수하기를 바란다. 대부분의 교육은 무료로 진행된다.

2. modoo, 스토어팜, 블로그, 인스타그램, 페이스북 등 SNS를 활용하여 상품을 홍보하고 판매하는 방법

SNS를 잘 다루고, 주변에 소통하는 인맥이 많다면 가장 효과적이고 빠른 방법이다. 네이버는 '네이버 파트너스퀘어'를 통해서 온라인 쇼핑몰 사업자들을 위한 교육을 다양하게 진행하고 있다. 스토어팜을 통해 판매하는 방법부터 관리, 광고, 정산에 관련된 모든 교육을 대부분 무료로 진행한다.

위치는 서울 2호선 역삼역 3번 출구 앞 캐피탈 빌딩 21층이다. 이곳은 항상 조기 마감이 이루어질 정도로 판매자들의 관심이 뜨거우니 교육 일정이 나오자마자 서둘러 신청해야 한다. 나도 이곳에서 여러 번 교육을 들었는데 강의 수준이 비교적 높다. 100명 이상을 수용하는 넓은 공간에 공간도 쾌적하다. 그리고 스튜디오가 있어서 상품 촬영을 희망하는 온라인 판매자들에게도 인기가 많다. 부산에는 센텀시티역 앞 센텀 임페리얼타워 13층에 네이버 쇼핑교육센터가 있고, 광주 동구에서도 활발히 운영되고 있다.

스토어팜과 네이버 쇼핑을 통해서 결제할 수 있는 기본 구조를 만들어놓은 다음, 블로그나 페이스북 등의 SNS를 활용하기를 추천한다. 내가 만든 꽃상품을 인스타그램이나 페이스북에 가볍게 올려놓은 다음, 구매를 희망하는 지인이나 손님에게 스토어팜 링크를 전달해 간편하게 결제할 수 있게끔 유도할 수 있다. 가장 간단한 결제 방법은 계좌번호를 오픈하고 이체를 받는 방식이겠지만, 계산서나 영수증을 따로 처리해주어야 한다. 홈택스나 KICC 같은 사이트를 통해 발급해 줄 수 있다.

3. 온라인 전국 꽃배달 체인망을 갖춘 플랫폼을 이용하여 수발주 위탁방식으로 운영하는 방법

이 방법은 내가 가장 나중에 채택한 방식이다. 솔직히 1번 방식대로 쇼핑몰을 직접 만들어보기도 하고, 스토어팜과 블로그를 직접 운영해서 판매해보기도 했지만 여기에는 꾸준한 노력과 관리가 필요하다. 정말 부지런해야 하고, 1인 기업으로서 오래 지속하기에는 다소 무리가 있다.

보통 두세 명이 공동창업할 경우에는 상품 제작과 웹디자인, 홍

보, 영업, 광고, 정산 등 조금씩 일을 분담하여 진행할 수 있지만 혼자서 하는 쇼핑몰 창업은 그만큼 힘이 부친다. 그래서 나는 쇼핑몰 초보 창업자에게는 1, 2번 방식 30%와 3번 방식 70%를 추천한다. 이건 어디까지나 내 생각이므로 100% 믿거나 따를 필요는 없다.

5장에서도 언급하겠지만 초기자본이 거의 없거나 리스크 없이 무점포로 꽃집 창업을 하려면 3번의 방식을 적극적으로 활용하면 좋다. 이미 오프라인에서 꽃집을 운영하고 있는 사장님들과 연결되기 때문에 전화 한 통이면 제작부터 배송까지 모든 꽃배송 과정을 원스톱으로 초간편하게 진행할 수 있다. 다만 고객이 꼼꼼하고 정확하게 주문서를 작성할 수 있도록 친절히 안내하는 것이 중요하다. 꽃을 다루는 사람에게는 쉽지만 처음 꽃 주문을 하는 사람에게는 생소하고 어려울 수 있다. 늘 친절한 미소와 넉넉한 마음을 잃지 않는다면 고객 만족으로 자연스럽게 이어질 것이다.

2장

어차피 창업한다면
꽃집 창업이 정답

FLOWER SHOP

FLOWER SHOP

전 세계 프랜차이즈 3,000개
스노우폭스가 이대강 플라워를 찾은 이유

3,000개, 8,308명, 11개국.

이 3개의 숫자는 자타공인 '세상에서 가장 큰 도시락 회사'라는 스노우폭스SNOWFOX의 2019년 매장수, 직원수, 현재까지 진출한 국가 수다. 사람들이 퇴직 후 가장 많이 차린다는 치킨집 프랜차이즈 창업도 하루에 11개가 오픈되고 그중 8개가 문을 닫는다고 한다. 그렇게 생존율이 적은 외식업 프랜차이즈 시장에서 3,000개의 매장을 현재까지 유지하며 계속 늘려나간다는 것은 그만큼 시스템이 탄탄하다는 의미다. 김밥을 팔기보다는 김밥 프랜차이즈 시스템을 판다고 말하는 스노우폭스 김승호 회장은 1조 자산가라는 말이 무색하지 않게 돈의 속성과 비즈니스 방침을 너무도 잘 아는 사람이다. 검색만 해봐도 유튜브에서 그의 주옥같은 강연들을 상당수 찾아볼 수 있다. 꽃집이나 프랜차이즈 사업에 관심 있는 독자라면 꼭 한 번 들어보기를 추천한다.

2017년 10월 어느 날 나는 친분이 있던 '꼴통쇼'를 진행하는 개그맨 오종철 씨의 연락을 받았다. 그가 스노우폭스 플라워 대표와 연결해주고 싶다고 했다. 스노우폭스 플라워 측에서 나를 한번 만나보고 싶어 한다는데 정황은 잘 몰라도 일단 너무 반가운 소식이었고 내가 무슨 도움이 될 수 있을지 약간의 설렘을 안고 연락하게 되었다. 스노우폭스 플라워는 김승호 회장이 이끄는 짐킴 홀딩스 그룹의 계열사로 국내에는 스노우폭스가 먼저 런칭되어 성과를 보았고 이번에는 스노우폭스 플라워라는 브랜드로 꽃사업을 시작한 것이다.

김승호 회장이 직접 운영하는 것은 아니고 여성 특유의 감성과 리더십을 바탕으로 김아영 대표가 진두지휘하며 기존의 Grab & Go 방식(레스토랑과 편의점의 중간 방식)을 유지하되 꽃이라는 특수성을 감안하여 현장에서 마음에 드는 꽃을 고르면 10분~15분 내에 맞춤식 꽃다발을 만들어주는 방식이었다.

빠른 유통과 순환을 위해 생화를 경매를 통해 저렴한 금액으로 대량구매하고, 특수 제조된 냉장고를 가동하여 꽃을 싱싱하게 보관하며, 눈높이 위치에서 고객들이 직접 고를 수 있게 사선으로 배치하고 있다. 그렇게 물량을 빠르게 순환시키려면 질 좋고 다양한 상품이 제때 사입되어야 하는데 수도권 내 여러 도매시장에 대한 위치와 정보를 파악하기 위해 나를 보자고 한 것이었다.

처음엔 나도 방어적인 자세였다. 내가 수 년에서 수십 년 동안 발품 팔아가며 터득한 노하우를 하루아침에 누설하고 싶지는 않았다. 그러나 크게 보면 스노우폭스가 잘되면 우리나라 화훼산업에도 도움이 될 거라 믿었고, 현재 한국 화훼산업의 문제점을 잘 아는 나로서도 스노우폭스 같은 거대 기업이 움직이면 화훼산업의 패러다임을 바꿀 수 있을 거라 확신했다. 그래서 기꺼이 내가 아는 지식과 정보를 나누고 공유했다. 또한 개인적인 팁도 몇 가지 제공했다.

우리나라 화훼산업이 지금보다 5배 커져서 10조 시장만 되더라도 가까운 일본만큼 화훼 선진국 대열에 오를 수 있게 된다. 지금처럼 적은 수요를 두고 시장에서 가격경쟁만 추구한다면 시장 상인들만 힘들어진다는 것을 알기에 무언가 변화가 필요한 시점인 것은 확실했다. 화훼에 대한 사람들의 인식과 문화가 긍정적으로 바뀌어야 오랫동안 생존할 수 있다고 본다.

한편 나는 2014년부터 만들고 싶은 특별한 화분이 있었는데 콘셉트는 '나를 위한 화분, For Me'이다. 지금도 그 사업계획서가 책장에 꽂혀 있다. 이 화분을 만들고 양산하려고 많은 노력을 해봤다. 준정부 기관의 투자와 지원을 받기 위해 수도 없이 사업계획서를 고쳐 썼다. 또한 면접을 보러 간 곳도 여러 군데다. 하지만 아쉽게도 최종 단계에서 탈락의 고배를 맛보아야 했다. 사실 화훼는 정부 투자를 받기가 쉽지 않은 분야다. 소상공인의 영역으로 보고 있고 아주 특수한 제조나 지식서비스로 사업을 전개한다고 하지 않는 이상, 일자리 창출이나 해외 수출 면에서 가능성이 커 보이지 않기 때문이다.

하여튼 나도 나름 큰 꿈을 가지고 꽃집을 창업했고, 내가 만든 화분으로 세상을 더욱 살기 좋게 바꿀 수 있을 것이라 믿고 시작했지만 현실은 녹록치 않았다. 그런데 마침 스노우폭스 플라워가 '나를 위한 꽃집'이라는 슬로건을 내걸었고 뭔가 잘될 거라는 느낌이 들었다. 틈새시장은 거기밖에 없기 때문이다.

현재 우리나라 화훼시장에서 경조사 화환 시장은 포화될 대로 포화되었다. 그래서 새로운 꽃선물 시장을 개척해야 한다. 2013년에 나는 생일에 케이크를 선물하기보다는 다육식물 케이크를 선물하자는 운동을 벌였다. 그런 새로운 문화를 만들고 싶었다. 하지만 생각대로 진척되지 않았고, 후속 아이템으로 1인 가구와 솔로족을 위한 포미(For Me) 화분으로 돌파해보고자 도전했던 것이다.

현재 스노우폭스 플라워는 강남에만 5개의 꽃집을 런칭하고 성공적으로 운영되고 있다. 최근에는 핫플레이스인 가로수길과 잠실에도 오픈된 것을 보니 수도권 내에 100개의 스노우폭스 플라워가 생기는 것은 시간문제라고 생각한다. 이는 미국에서 김승호 회장이 김밥집인 스노우폭스를 1호점에서 시작해 3,000개의 매장을 내본 확실한 성공 경험이 있기 때문이다. 이미 모델 면에서는 검증이 된 것이다.

김승호 회장은 미국에서 처음 매장을 열면서 300개 이상의 프랜차이즈 도시락 회사로 만들겠다고 다짐했고, 미국 지도에 300개의 점을 찍었다고 한다. 그리고 사용하는 인터넷 모든 사이트의 비밀번호를 '300개매장에주간매출백만불'로 바꾸었다. 일상에서 맞닥뜨리는 모든 순간에 꿈과 목표에 집중하게 하여 자동적으로 되뇌게 한 것이다.

김승호 회장이 했던 말 중 유난히 기억에 남는 말이 있다. "경쟁기업은 비행기 양쪽 날개 중에서 한쪽이다." 경쟁자를 이기고 물리치려 하기보다 경쟁자와 나는 한 몸이기 때문에 어떻게 하면 함께 잘 날 수 있을지를 연구해보고 실천해야 한다는 말이다. 한쪽만 더 잘 날아가려고 욕심을 부리면 둘 다 추락할 수 있다. 하지만 잘 협력하면 모두가 더 멀리 더 높이 비상할 수 있다.

나는 우리나라 화훼시장에 서로를 존중하고 배려하는 문화가 확산되면 좋겠다. 옆집이 크게 성공해 손님이 몰린다면 덩달아 우리 집에도 손님이 올 수 있다는 생각으로 바뀌면 좋겠다. 오픈하고 공유하면 손해 보는 것이 아니라 함께 성장할 통로가 생긴다고 믿으면 좋겠다.

꽃 판매 지식은
하루 1시간씩 21일이면 충분하다

21일 하면 떠오르는 것이 있는가? 보통 달걀이 병아리로 부화하는 시기로 알고 있다. 21이라는 숫자는 또한 '삼칠일'이라고 하여 산모가 아기를 낳고 21일 동안 조심해야 하는 기간이기도 하다. 예부터 출산을 하고 나서는 외부인의 출입을 막기 위해 금줄을 쳐놓고 미역국을 먹으며 몸조리를 했다. 이처럼 21일이라고 하는 숫자는 무언가 변화하기 위한 최소한의 기간이다.

꽃 사업은 어떨까? 나는 사실 수 년에 걸쳐서 꽃에 대한 지식과 유통, 판매를 익혀왔다. 하지만 지금은 모든 게 빠르게 연결되고 습득되는 시대다. 바쁘고 할 것 많은 독자분들의 입장을 배려하여 나는 21일이면 초보자도 충분히 습득할 수 있는 21일 플랜을 만들어보았다.

물론 어떤 스타일의 꽃집을 하느냐에 따라서 배워야 할 영역은 완전히 달라지지만, 일단 우리나라에서 보편적으로 운영되는 꽃집의 경우를 표준으로 삼아 기본적으로 알아야 할 꽃상품에 대한 지식을 쌓을 수 있는 커리큘럼을 만들어보았다.

자, 그럼 하나씩 살펴보기로 하자. 살면서 꽃이나 식물을 한 번도 키워보지 않은 사람이라도 이 프로젝트에 참여할 수 있고 21일 안에 완성할 수 있다. 꽃과 나무의 종류가 상당히 많지만 비슷한 특징이 있는 식물끼리 분류하여 공부하면 그리 어렵지 않다. 그리고 우리가 새 학기가 되었을 때 새로운 친구들을 한 명 한 명 알아가며 사귀듯이 식물들도 처음부터 다 알려고 하기보다는 오늘은 이름을 알았으면 내일은 생김새를 알고 모레는 어떤 성격을 지니고 있는지 차차 알아가는 것이 바람직하다.

내 책상 위에는 365일 탄생화 달력이 있어서 틈이 나면 수시로 본다. 그리고 거의 1년 동안 블로그와 유튜브에 공부한 것을 올리다 보니 더 깊이 있게 공부하게 되었다. 하지만 아직도 식물의 영역은 무궁무진하다. 1일 1꽃을 공부한다고 하더라도 10년이면 3,650개, 100년 동안 하루도 빼먹지 않고 매일 공부하면 36,500개다. 지구상에 존재하는 식물이 38만 종 정도라고 하니 우리가 평생 동안 공부해도 식물의 10분의 1도 학습하기 어렵다. 그리고 계속 반복해서 보고 자연과 일상에서 자꾸 마주쳐야 익숙해지고 습득이 된다.

살펴볼 꽃 상품들을 크게 5가지로 나누어보았다. 이미지와 구체적인 내용은 인터넷 검색을 통해 더 자세히 볼 수 있다. 5가지 종류는 화환, 난, 관엽식물, 생화, 분재다. 그중 이번 장에서 살펴볼 상품은 효자상품인 화환, 난, 관엽식물이다. 이 외에도 꽃 관련 상품은 3장에서도 다룰 것이고 이 책에서 계속 설명할 것이다. 또한 시중에는 화초에 대해 초보자도 쉽고 이해하기 좋게 설명된 책이 있는데 《식물 읽어주는 아빠》라는 책을 추천한다.

화환

화환에는 크게 2가지 종류가 있다. 바로 근조화환과 축하화환이다. 근조화환은 장례식 때 고인의 명복을 빌고 마지막 가는 길에 최고의 예를 다하기 위해 보낸다. 또한 상주나 가족, 친지에게 심심한 위로의 마음을 전하기 위함이기도 하다. 사용되는 꽃은 거베라, 금어초, 청지목, 소철, 소국. 대국 등이 있고 이것을 3단의 나무 지지대에 올린다.

이 나무 지지대에는 '도시로'라는 부채꼴 모양의 플라스틱 재료, 물을 잔뜩 머금은 플로랄폼('오아시스'라고도 흔히 부른다) 등을 '반생'이라고 하는 철사도구를 이용하여 묶고 조이곤 한다. 그래야 다량의 꽃을 꽂아도 그 무게를 버틸 수 있다. 화환에는 꽃 선택도 중요하지만, 균형감 있게 폭을 맞추어 꽂아야 한다.

꽃집 창업을 준비하기 위해 일했던 약 3년 중에 처음 입사했던 곳이 '화환 전문점'이었다. 이곳은 직원이 15명 이상 되는 규모가 큰 업체였는데, 화환 제작 기사님을 세 명 두었고, 하루 보통 20~30개 이상의 주문이 있었다. 주말에 주문량이 제법 많은데 일주일에 200개 정도, 한 달에 800여 개 이상 나가는 수준이었다. 어마어마했다. 배송기사도 세 명 있었는데 교대로 배송하며 근무하였기 때문에 가능했다.

거래하는 병원장례업체와 결혼식장이 있었던 것으로 기억한다. 사장님이 경영대학원을 다니며 총무를 맡아서 거래처들이 확실했다. 알다시피 근조나 축하화환을 지속적으로 이용하는 회사나 단체가 있다. 이곳의 행정 담당자들과 관계를 잘 형성하면 지속적으로 대량의 주문을 받을 수 있다.

화환은 지역별로 그리고 그날의 꽃 시세와 화원사의 사정에 따라 조금씩 디자인과 크기가 다르게 제작된다. 그래서 고객의 만족도가 늘 다르기 마련이다. 특히 경상남도 쪽의 화환은 하단에 '후다지'라는 것을 붙인다. '삼가 고인의 명복을 빕니다' 같은 문구가 적힌 종이판이다.

3단 화환의 경우는 높이가 보통 2미터 정도 되고, 4단 화환도 있다. 그리고 내가 너무 개발하고 싶었지만 여력이 안 되어 시도하지 못했던 화환을 대전의 한 멋진 사장님이 만드셨다. 바로 '가경포트식 화환'인데, 발명특허가 5개나 있고 벤처기업인증까지 받았다.

몇 년 전 성당에서 진행하는 에코웨딩을 준비하다가 버진로드라고 불리는 꽃길에 예쁜 화분을 내추럴하게 잘 포장하여 장식한 경험이 있다. 결혼식이 끝나면 하객들이 이 화분들을 답례품으로 가져갈 수 있게 한 것인데, 이런 식으로 화환에도 여러 개의 미니 화분을 탈부착 가능하게 하면 좋겠다는 생각을 했었다. 대전의 사장님이 이것을 상용화시킨 것이다. 25개의 10센티미터 포트화분을 원하는 색상과 구성으로 채우는 식이다. 이 외에도 최근에는 아담한 사이즈의 비누꽃 화환도 생겼고, LED 화환도 많이 사용한다. 쌀 화환, 라면 화환 등도 있다.

이처럼 신선하고 실용적인 신개념 화환이 더 많아져서 소비도 촉진되고 시장도 살아나면 좋겠다. 사실 화훼농가 소득이 증가하려면 생화를 지금보다 훨씬 많이 써야 하는데 국내산 생화 사용과 보급을 이끌어낼 수 있는 신개념 화환도 더 많이 개발되면 좋겠다는 생각이다.

아무튼 축하화환의 경우에는 결혼식, 개업식, 공연 등 축하할 수 있는 모든 자리에 쓰이므로 활용도가 높다. 덧붙여 시작 전부터 호스트가 자리를 지키며 손님들을 환영할 수 있도록 최소 1시간 전에 배송되는 것이 중요하다.

근조화환은 장례식이 3일간 이어지는 것을 감안하여 배송할 당시 꽃이 70% 정도 핀 것으로 작업하면 적당하다. 그러면 고인이 가시는 마지막 순간까지 애도의 마음을 잘 전할 수 있다.

난이라고 하면 우선적으로 동양란 또는 양란으로 구분하는데, 이는 사실 식물학적 분류가 아니라 원예학적 편의로 분류한 것이다. 보통 동양란, 서양란(양란), 야생란으로 분류한다.

동양란은 한국, 일본, 중국에 자생하는 것을 의미하며 크게 한국 춘란, 일본 춘란, 중국 춘란, 한란, 혜란, 풍란, 석곡, 금릉 변란 등으로 나눌 수 있다. 춘란, 추란, 한란, 하란은 꽃이 피는 시기로 나눈 것이며, 동양란은 대부분 직사광선을 피하고 통풍이 잘 되고 해가 잘 드는 창가 쪽에 두는 것이 좋다.

서양란은 서양이 원산지인 난을 의미하는 것이 아니라, 원산지에 상관없이 영국을 중심으로 한 서양에서 개발되고 보급된 난을 의미한다. 대부분 꽃 모양과 색이 화려하고 심비디움, 팔레놉시스, 덴드로비움, 카틀레야 등이 있다. 서양란은 꽃송이가 보통 3개월 정도 지속되며 창가보다는 반그늘의 통풍이 잘 되는 곳이 좋다.

동양란과 서양란은 가격 대비 품격이 있는 상품이라 언제나 인기가 높다. 개업이나 승진, 이전 등의 선물로 탁상 위에 놓일 고급스런 식물을 찾는 고객들이 많이 찾는다.

관엽식물

관엽식물은 잎을 감상할 수 있는 식물이란 뜻으로, 보통 '공기정화식물'이라는 이름과도 공통적으로 쓰인다. 의미를 해석하는 관점의 차이일 뿐, 같은 식물을 두고서도 다르게 부를 수 있다. 사실 공기정화식물은 미세먼지와 황사 때문에 인기가 많아진 경우다. 관엽식물을 통해 여러 기관에서 실험했는데 실제로 공기정화 능력이 탁월한 식물이 많다. 공기정화 원리는 크게 두 가지다.

하나는 잎 윗면 왁스층과 잎 아랫면에 기공을 통해 미세먼지와 초미세먼지가 흡수되어 토양으로 이동되어 뿌리 미생물을 통해 분해되는 것이다. 다른 하나는 미세먼지, 황사, 일산화탄소 등의 오염물질이 양이온이기 때문에 식물이 방출하는 음이온과 결합되어 중화되면서 없어지거나 땅에 떨어진다고 한다.

축하 선물과 공기정화, 두 마리 토끼를 잡을 수 있는 공기정화식물은 주문이 꾸준하고 인기가 좋다. 가격은 책상 위에 올려놓을 수 있는 5만 원대부터 10만 원, 20만 원, 50만 원 정도로 나뉘는데 크기에 따라 천차만별이다.

뜨고 있는
꽃 정기구독flower subscription

꽃을 2주에 한 번씩 정기구독한다고?

우리 주변에는 참 고마운 아줌마가 있다. 바로 야쿠르트 아줌마다. 요즘에는 멋진 냉장고 모양의 탈것을 타고 다니신다. 어렸을 때 이분을 만나면 참 기뻤다. 맛있고 건강에도 좋은 야쿠르트와 유제품을 싼 가격에 먹을 수 있었다. 사람들의 장 건강을 위해 매일 달리는 슈퍼우먼 같은 분들이다.

이처럼 찾아가는 서비스는 참 매력적이다. 내가 직접 마트에 가지 않아도 되고, 한꺼번에 구매하지 않아도 할인을 받을 수 있다. 요즘에는 이런 구독 문화가 일상이 되었다. 매월 또는 매주 같은 시간에 정기적으로 상품이나 서비스를 제공해주는 방식을 구독 또는 영어로

서브스크립션subscription이라고 한다.

온라인 미디어가 보편화되면서 특히 유튜브의 시대라고 해도 과언이 아닐 만큼 동영상 콘텐츠를 소비하는 사람들이 늘면서 "구독해주세요"라는 말은 하나의 인사가 되었다. 그 내용이 좋거나 사람이 매력적이면 금세 팬이 되기도 한다. 즉 구독 버튼을 한 번 누르면 그의 소식을 정기적으로 받아볼 수 있게 된다. 반대로 해지도 참 쉽다. 더 이상 콘텐츠를 보기 싫으면 클릭 한 번으로 해지할 수 있다.

이처럼 소비자들은 넘쳐나는 미디어의 홍수 속에서 원하는 것을 최대한 빠르고 쉽게 본능적으로 찾고 즐기고 소비하게 되었다. 또한 이러한 동영상 콘텐츠들은 제품을 사지 않아도 영상을 시청하는 것만으로도 광고 수익이 확보되고 여러 브랜딩 효과도 누릴 수 있다.

그렇다면 우리가 일상에서 꽃을 정기구독한다는 것은 어떤 의미일까. 사실 꽃 정기구독이 지금처럼 유행하고 트렌드로 자리 잡기까지는 꽤 많은 시간이 걸렸다. 내가 꽃 정기구독을 처음 접한 때는 2013년 즈음이다. K 플라워라는 업체였는데, 2013년 말 내가 케이크 화분으로 창업했을 때, 이 업체는 이미 꽃 정기구독을 런칭하여 활발하게 서비스를 해나가고 있었다. 그래서 나도 이 아이템이 참 신선하고 좋아서 한 달간 구독해보았다.

소박하지만 예쁜 꽃들과 깔끔한 포장에 '꽃선물이 이렇게 사람을 기분 좋게 할 수도 있구나'라고 실감했다. 나도 물론 독일 플로리스트 자격증을 취득했고 꽃 작품들을 많이 만들면서 꽃과 소통을 많이 하고 꽃을 통해 누군가를 기쁘게 해본 짜릿한 경험들이 있다. 하지만 다육이 케이크화분으로 창업을 하면서 한동안 생화보다는 다육식물을 많이 다루다 보니 꽃을 만지거나 볼 시간이 상대적으로 부족했다. 그런데 꽃 정기구독이 그런 부분을 꽉꽉 채워주는 기분이었다.

이렇게 다육식물과 꽃 그리고 플랜트가 가지는 느낌은 각각 다르다. 어떤 날은 야리야리한 꽃들을 보면서 행복감과 아름다움을 느낄 때가 있고, 어떤 날은 힘차게 쭉쭉 뻗은 조경수나 나무를 보면서 에너지를 채우기도 한다. 식물마다 고유의 느낌이 다르다 보니 기분이나 기호에 따라서 소비자의 취향을 저격하는 상품이 다를 수밖에 없다.

여하튼 꽃 정기구독이라고 하는 프로그램은 적은 금액으로 꽃을 즐기고 소비하기에 아주 안성맞춤인 서비스이다. 우리가 감성을 충전하기 위해 한 달에 한 편의 영화를 본다 해도 1인당 15,000원 정도의 비용이 들어간다고 볼 수 있다. 2시간짜리 영화라고 해도 영화를 보고 난 후의 여운과 카타르시스는 몇 달에서 몇 년 동안 지속될 수 있다. 심지어 명작이라고 하는 좋은 영화는 생각의 패러다임을 완전히 바꿀 만큼 큰 감동과 영감을 주기도 한다.

나는 꽃도 마찬가지라고 생각한다. 꽃을 처음 키우는 분이나 초보자일수록 호기심 어린 관찰과 아이 같은 순수성으로 식물을 키운다. 꽃을 감상하는 과정을 영화처럼 즐기는 분들도 많이 봤다. 하루에 1, 2분이라도 꽃을 보고 즐기면서 잠시 일상의 여유를 가질 수 있다. 또한 나를 돌아보고 성찰하는 의미 있는 시간을 의도적으로 만들 수 있기도 하다.

꽃 정기구독에 있어서 너무나 잘 알려진 '꾸까'라는 업체는 KBS 〈장사의 신〉에 나왔을 정도로 성장했다. 초기 회원수가 400명이었는데 3년 남짓의 기간 동안 4만 명을 돌파했다. 매출도 월 500만 원에서 시작해 5억 원이 되었다. 그리고 지금은 꽃 정기구독뿐만 아니라 식물 정기구독까지 활발히 진행하며 플라워 프리마켓도 경영하고 있다.

사실 식물로 할 수 있는 정기구독은 무궁무진하다. 나는 종업원으로 일하던 시절에 매주 유명 대기업의 임원실에 가서 꽃장식을 바꾸고 식물을 관리하는 일을 했다. 생화는 다른 식물에 비해 비교적 수명이 길지 않아서 사나흘만 지나면 생기를 잃어간다. 이런 경우에 꽃 정기구독을 통해 일주일마다 교체하는 것이 적당하다. 물론 2주 이상 가는 생명력 강한 꽃도 많고 요즘에는 생명 연장제를 패키지로 판매하기도 한다.

공간의 분위기와 목적에 따라서 서양란이나 동양란을 이용해 고급스러움을 강조하여 꾸밀 수도 있고 화사하게 꽃 장식 위주로 꾸밀 수도 있다. 병원 같은 곳은 깨끗하고 청결한 느낌을 주기 위해 초록색이 많은 관엽식물 위주로 배치하거나 실내 조경을 꾸미는 경우도 많다. 녹색식물이 많이 들어간 조경은 부분적으로 시든 화분만 교체하거나 물 관리 위주로 하는 경우가 많다.

사실 나도 서양란이나 다육식물을 활용하여 정기구독 서비스를 시행하고 싶었다. 당시에 팀원과 영업도 해보고 상품 개발도 해봤지만 쉽지 않았다. 누군가 기발한 식물로 정기구독을 실행한다면 틈새 시장이 충분히 있을 거라고 예상해본다.

이제는 꽃 정기구독을 서비스하는 플라워샵이 꽤 많지만 그중에서 가장 인지도 높은 꾸까를 분석해보았다. 꾸까는 플로리스트 실력이 좋아서 상품 퀄리티가 높기도 하지만 특히 SNS 마케팅을 잘한 것이 성공의 큰 요인이라고 생각한다. 젊은 CEO답게 페이스북을 잘 활용하고 고객들과 진정성 있게 소통한 것이 수십만 명의 고객을 유치할 수 있었던 이유라고 판단한다. 그리고 매일 고객 반응과 피드백을 살피면서 취향을 정확히 간파해냈다. 끊임없이 고객 중심의 사고를 하며 애정을 가지고 고객을 관찰하여 마음을 사로잡은 것이다.

꾸까의 성공 비결, 일상의 꽃 그리고 나를 위한 꽃

1. 꽃을 정기적으로 배송해줌으로써 소비자들의 편리성을 극대화하였다.
2. 소비자들은 돈이 절약되고 계절별로 분기별로 새로운 꽃들을 계속 만나볼 수 있다.
3. 전국 택배가 가능하도록 포장 패키지를 잘 구성하고 분업화하였다.
4. 꽃을 파는 게 아니라 꽃을 즐기는 문화를 팔기 위해 잘 브랜딩

했다.

5. 직원들의 협력을 잘 이끌어냄으로써 플로리스트들의 전문 영역을 존중해주었다.

6. 온라인과 SNS 마케팅을 통해서 소자본 창업의 약점을 극복했다.

꾸까의 박춘화 대표는 꽃 정기구독 사업을 하기 전 명문대학교를 졸업했고, 대기업에서 2년 동안 지낸 직무경험을 바탕으로 '화장품 정기구독' 창업을 진행했다고 방송 프로그램에서 말한 바 있다. 하지만 그때의 뼈아픈 실패 경험과 자산으로 꽃 정기구독을 런칭했는데 역시나 노하우가 쌓여서인지 초기 월 500만 원 매출을 올리다가 불과 3년 만에 월 매출 5억 원을 달성하게 된 것이다. 거의 100배가 오른 것이다. 그 준비 과정은 철두철미했다. 현재 우리나라 국민 1인당 평균 꽃 소비액이 연 평균 13,000원가량이라는 것을 감안하면 구독료 9,900원이라는 가격도 적정했다.

1 Table 1 Flower 캠페인

꽃 정기구독은 1 Table 1 Flower로 확장된다. 줄여서 1T1F이다. 사무실 책상마다 꽃 하나씩을 놓자는 의미로 원예산업을 살리고자 추진 중인 일종의 공익사업이다. 1T1F 캠페인은 부정청탁금지법

(김영란법) 시행 이후 어려움을 겪고 있는 화훼 농가를 돕고 지역 경제 활성화에 기여하기 위해 시작되었다고 한다.

이렇게 사무실 책상 위에 꽃을 두면 장점이 참 많다. 꽃은 인간의 정서를 안정시켜준다는 특징 말고도, 업무의 효율성과 창조성, 집중력, 웰빙환경지수 등 비즈니스의 모든 영역에 있어서 순기능이 상당히 많다. KBS에서 방영했던 〈꽃의 비밀〉에서는 화초와 식물이 있는 방과 없는 방을 비교하여 아이들의 학습능력과 집중도를 비교 분석했다. 식물이 있는 방의 아이들은 베타파를 활성화시켜 성적이 더 좋았다고 한다.

현재 1T1F 캠페인은 코엑스, GS건설, 태평염전, 예스코 등 공공기관과 기업체 49곳에서 6만 9,000여 건 이상 시행하고 있다. 앞으로도 계속 확산될 전망이다. 또한, aT 화훼공판장은 2016년 말부터 전국 177개 GS슈퍼마켓에 '플라워 인 샵Flower in Shop'을 설치해 본격적으로 꽃을 판매하고 있다. 이렇게 부정청탁금지법으로 힘들어진 화훼업계를 살리기 위해 농림부와 aT, 그리고 화원연합회 등이 한마음으로 꽃 소비 촉진을 위한 눈물겨운 노력을 기울이고 있다.

빌 게이츠는 어린 시절부터 '세상의 모든 기업과 가정의 책상에 컴퓨터를 놓겠다'는 비전을 가지고 끊임없이 노력하고 실천한 끝에 꿈을 이루었다. 나 또한 처음 창업을 했을 때의 비전이 '세상의 모든 책상에 식물과 화분을 놓아 행복한 가정을 만드는 데 헌신하겠다'였다. 이 초심을 잊지 않고 꾸준히 노력하여 우리나라 국민 100만 명 이상이 "방에 식물을 들여놓으니 기분이 상쾌해지는군", "외롭던 일상이었는데 책상 위 작은 화분이 위로와 기쁨이 되네요"라는 말을 하게 되길 간절히 바라본다.

꽃집 창업이 치킨집 창업보다
좋은 3가지 이유

우리나라 치킨집 수 36,000, 전 세계 맥도날드 수 35,400

나는 가끔 빅맥버거 세트를 먹으러 맥도날드를 찾는다. 가끔 이 곳에서 사람을 만나고 비즈니스 미팅도 한다. 맥도날드는 부담이 없다. 햄버거도 빨리 나오고 가격도 비싸지 않다. 또한 노트북을 들고 가서 작업해도 좋을 만큼 와이파이 환경이 괜찮고 24시간 동안 여는 곳도 많아서 주말 저녁에 아예 한 짐 싸 가지고 가서 밤샘 업무를 하기도 한다.

맥도날드 창립자인 레이 크록과 모든 직원들에게 늘 감사한 마음을 갖는다. 그런데 바로 이 맥도날드의 점포수를 혹시 아는가? 1955년 미국 일리노이주에서 시작된 맥도날드는 현재 전 세계에 있는 점포가 35,400개 정도라고 한다. 그런데 더 놀라운 것은 우리나라의 치킨집 수가 36,000개를 넘는다는 것이다.

치킨집은 퇴직하고 특별한 기술 없이도 쉽게 접근할 수 있기 때문에 외식업 창업 분야 중에서도 아주 인기 있는 종목이다. 그런데 한 창업 전문가의 말에 의하면 이렇게 많은 치킨집이 망하지 않고 모두 잘되려면 우리나라 국민 모두가 매일 1마리씩 먹는 '1인 1닭' 수준은 되어야 한다고 한다. 이는 조금 과장된 유머일지 모르겠지만 수요에 비해 공급이 워낙 많다 보니 어쩔 수 없이 경쟁력 있는 업체만 남게 되는 것이다.

KB금융지주 경영연구소에 따르면 새로 생긴 치킨집의 평균 영업 기간은 2.7년 정도라고 한다. 즉 10개가 오픈하면 5년 뒤까지 생존하는 치킨집은 2개 정도인 것이다. 그러면 나머지 8개 치킨집의 운명은 어떻게 될까? 창업하는 데 쏟아 부은 시간과 돈은 어떻게 보상받는단 말인가

나는 치킨을 정말 좋아하고 사랑한다. '치느님'이라고 부를 정도는 아니지만, 일주일에 평균 한 마리 정도는 먹는다. 작년 통계청 자료에 의하면 약 3,700개의 치킨집이 생겨났고 2,700여 개의 치킨집이 폐업했다고 한다. 정말 안타까운 현실이다. 제일 만만하고 쉬워 보이는 것이 치킨집 창업이라지만 성공 확률은 너무나 희박하다.

이제 그 어려운 치킨집 창업보다는 손쉬운 꽃집 창업을 해보시라고 나는 추천한다. 우리가 당장 치킨을 먹지 않는다고 죽지 않는 것처

럼 꽃을 사서 보지 않는다고 아름다움을 못 느끼는 것은 아니다. 그런데 분명한 점이 있다. 아름다운 꽃을 보고 즐기는 사람이 많아질수록 우리 사회는 생명을 존중하게 되고 생활 속에서 여유를 갖게 된다. 즉 빨리빨리 문화로 길들여진 사회에 꽃이라는 생명체는 하나의 쉼표가 될 것이다. 우리나라보다 국민소득이 낮지만 행복지수가 높은 국가들을 보자. 그들은 대부분 자연친화적 삶을 산다. 우리도 이제 그런 생활을 지향할 것이고, 거기에 꽃은 중요한 역할을 할 것으로 본다.

누구나 작게 시작할 수 있는 꽃집 창업

내가 추천하는 꽃집 창업은 온라인 꽃집 창업 위주이기 때문에 리스크가 거의 없다. 나처럼 무일푼으로 시작하여 온라인으로 꽃을 팔다가 좋은 기회를 살려 오프라인 매장을 운영해도 된다. 일단 꽃이라는 아이템을 통해서 내가 과연 장사를 잘할 수 있는지, 경영자로서 자질이 있는지 파악해볼 시간이 되기도 한다.

온라인 꽃집 창업은 치킨집보다 훨씬 쉽다. 평소에 꽃과 식물에 관심이 있거나 애정이 있다면 더욱 제격이다. 식물을 좋아하지 않던 사람도 막상 이 일을 하게 되면 꽃을 좋아하게 되는 경우를 주변에서 많이 봤다. 꽃을 판다는 것은 그 누구에게도 조금의 피해를 끼치는 일이 없는 아름답고 매력적인 직업이다. 굳이 구체적인 예를 들지 않더라도 우리 주변에는 불법적이거나 비도덕적인 상품과 서비스를 통해 꽤나 큰돈을 버는 사람들이 있다. 그들을 비방할 마음은 없지만, 그 부작용은 부정할 수 없다.

그러나 꽃과 식물은 부작용이 전혀 없다. 생명 그 자체이다. 세상에서 생명을 돈을 주고 파는 일은 애완동물과 식물밖에 없다. 꽃과 식물을 팔 수 있다는 것은 크나큰 축복이자 특권이다. 자부심을 가져도 좋다. 비록 식물을 키우다가 죽어서 처리해야 하는 번거로운 문제가 생기지만 그 또한 생물과 함께하는 소중한 경험이다.

또한 치킨집 창업은 반드시 매장이 있어야 한다. 집에서 음식을 조리하고 배송하는 것은 현실적으로 거의 불가능하다. 하지만 꽃집 창업은 작은 공방이 있어도 좋고, 집에서도 충분히 가능하다. 주변에도 자택에서 상품을 만들고 네이버 스토어팜에 올려서 쏠쏠하게 돈을 버는 분들이 꽤 많다. 스마트폰과 손가락만 있어도 가능한 게 꽃집 창업이다.

어떤 스타일의 꽃집을 창업하느냐에 따라 그 준비 기간이나 노력이 달라지겠지만 비교적 적은 자본과 시간으로도 창업을 할 수 있다. 직접 꽃다발과 꽃바구니를 제작할 수도 있고 실력 있는 전문 플로리스트를 고용할 수도 있다. 《300만 원으로 꽃집 창업, 10년 만에 빌딩을 짓다》라는 책의 이해원 작가도 꽃집으로 시작했다. 제주도에서 갖은 고생을 하며 여러 창업을 하고 실패했다가 우연히 꽃이라는 아이템에 꽂혀서 직접 꽃을 배우고 배달도 하면서 성공하게 된 것이다. 나도 그분의 특강에 가본 적이 있다. 남다른 열정과 끈기가 있었고 부자가 되는 원리와 법칙을 아주 잘 아는 분으로 보였다. 그리고 설명도 잘해주었다.

나는 경기도 고양시 일산서구의 원마운트에서 오프라인 꽃집을 운영해본 적이 있다. 그때 가장 에너지가 많이 들어갔던 것이 인테리어였다. 감사하게도 나는 정부와 지자체에서 지원하는 '청년장사꾼' 프로젝트에 선발되어 임대료와 인테리어에서 많은 혜택을 받았다.

잠깐 그때 이야기를 하자면, 같은 매장을 쓰게 된 우리 5인방은 서로 아이템이 각각 달랐다. 여성의류, 액세서리, 가방, 지갑, 꽃이 섞인 복합매장이었기 때문에 서로에게 피해를 주지 않으면서 최대의 시너지를 내기 위해 회의를 많이 했다. 이랑주 VMD 연구소의 이사님을 초빙해 컨설팅도 받았다. 5명의 대표가 추구하는 콘셉트나 좋아하는 컬러, 취향이 모두 달랐기 때문이다. 물론 단독매장이라면 예산이 허락하는 한 오너가 바라는 대로 마음껏 상상한 대로 구현할 수 있다.

우리에게 1인당 2~2.5평 되는 공간만 할애되다 보니 많은 집기를 들여놓을 수 없었다. 하지만 냉장고 1대, 진열장 1개, 이동식 진열장 1개, 테이블 1개 정도는 구비할 수 있었다. 나름 냉장고가 '신의 한수'였는데, 보통의 카페에서 케이크와 음료를 두는 쇼케이스를 동대문에서 중고로 구매했다. 꽃집을 창업할 때는 냉장고가 제일 비싼 집기라고 보면 된다.

바로 이 카페용 쇼케이스를 가지고 이대강 플라워의 야심작 '다육이 케이크화분'을 먹는 음식처럼 진열하고 판매했다. 매장에 들어오는 손님은 음식인 줄 알았다가 화분이라는 것을 알고 깜짝 놀라기도 했다. 사실 일산에서의 꽃집 운영은 생각만큼 그리 재미있지 않았다. 2층에 이미 오래전에 자리 잡은 꽃집이 있었고 이곳의 유동인구는 거의 주말 쇼핑족들이기 때문이다. 그리고 내 아이템처럼 새로운 장르의 화분보다는 일반적인 예쁜 꽃을 더 소비하는 경향이 짙었다.

그때의 교훈이라면 내가 팔고 싶은 아이템도 중요하지만 고객이 필요로 하는 상품을 팔아야 한다는 것이다. 나라면 이 화분을 소중한 지인에게 생일선물로 주고 싶을 만큼 귀하고 아름다운지 더 고민했어야 했다. 또한 고객들의 소비 수준과 성향도 꼼꼼히 분석해야 한다. 잘 안 팔리는 아이템이라면 더 좋게 만들어서 판매하거나 아니면 다른 아이템으로 과감히 바꿀 용기도 있어야 한다.

어떤 아이템은 드라마의 영향을 받아서 갑자기 많이 팔리기도 했다. 또한 트렌드라는 게 반드시 존재하므로 내가 그 거대한 흐름을 만들 수 없다면 흐름에 맞추어가며 파도 타듯이 즐길 필요도 있다.

꽃집인 듯 꽃집 아닌 복합 문화공간으로 승부수를 띄워라

'플라워 카페'라는 곳에 가본 적이 있는가? 요즘에는 참 많이 생겼다. 하지만 내가 막 창업을 했을 때만 해도 그런 곳으로 유명한 데는 몇 군데에 불과했다. 아직 기억에 남는 곳은 한남동의 '블뤼떼'라는 곳이다. 여기서는 독일식 수제 소시지와 간단한 음식을 판매했는데, 매장은 오래된 빌라를 개조해 내외부 인테리어를 했다.

담쟁이덩굴의 담벼락을 거쳐서 매장 안으로 들어가면 소박하고 아기자기한 꽃들이 좌우로 고개를 흔들며 인사한다. 약간 낡은 느낌의 외관과 꽃은 묘하게 어울린다. 차가운 도심 속에서 따뜻한 온기를 느낄 수 있는 공간이었다. 고풍스런 장식장과 가구들이 색다른 분위기를 자아냈고, 내부에는 플라워 클래스를 열 수 있는 공간도 마련되어 있었다. 친구와 맛있는 음식을 가볍게 먹고 매장 전체를 갤러리 투어하듯 천천히 둘러보다가 필요한 꽃이 있으면 자연스럽게 구매할 수 있는 곳이었다. 기존 빌라의 계단은 상품 진열대로 자연스럽게 개조되어서 멋스러움을 자아냈다.

이처럼 꽃집은 연결할 수 있는 아이템이 무궁무진하다. 액세서리도 판매할 수 있고, 식음료로 가능하고, 도서관도 운영할 수 있다. 실제로 홍대 근처에는 '술 파는 꽃집'이라는 곳이 있다. 술집이면서 꽃집인 것이다. 꽃집에서 냄새가 나는 다른 아이템을 팔면 안 된다는 고정관념을 완전히 깨뜨렸다. 오히려 술을 먹다가 꽃의 아름다움에 취하고 반해서 구매로 이어지는 경우가 상당히 많다고 한다. 꽃엽서나 휴대하기 좋고 선물하기 좋은 아이템들이 인기였다.

이 정도면 치킨집과 꽃집도 얼마든지 융합이 가능하다. 4차 산업혁명 시대의 흐름에 걸맞게 타깃 고객군이 겹치거나 비슷하다면 무엇이든 융합할 수 있는 게 꽃이다. 인테리어는 기본이고 사람의 마음을 편안하게 하고 여유 있게 하는 매개체로서 식물이나 꽃만 한 것이 없다.

실제로 제주도 풍란이나 불가리아 로즈, 바오밥나무 같은 천연 재료 화장품을 파는 네이처리퍼블릭도 자연주의 콘셉트 매장을 열었다. 식물원을 방불케 할 만큼 매장의 50% 이상을 '그린green'으로 꾸며 놓았다. 식물은 그 어떤 다른 아이템과도 궁합이 아주 잘 맞는다.

프랜차이즈 꽃집 창업,
이것만 조심하면 된다!

맥도날드 창업자 그리고 영화 〈파운더〉

프랜차이즈 사업하면 이 영화를 빼놓을 수 없다. 〈파운더The Founder〉라는 영화다. 흥행한 영화는 아니지만 우리가 아는 패스트푸드점 맥도날드의 창업 실화를 보여준다. 이 영화를 본 사람들의 반응은 크게 두 가지라고 한다. 증오, 배신, 탐욕을 느끼게 하는 기분 좋지 않은 영화라고 보는 사람이 있고, 영민함, 야망, 집념, 끈기 등을 알려주는 좋은 영화라고 말하는 사람이 있다. 영화의 시작은 '닭이 먼저냐, 달걀이 먼저냐' 하는 다소 아리송한 대사로 시작된다. 그리고 마지막에도 이 대사가 한 번 더 나온다. 영화를 주의 깊게 보고 나면 이 대사의 의미를 충분히 이해할 수 있다.

주인공이자 실제 인물인 레이 크록은 밀크셰이크용 믹서기를 팔기 위해 미국 전역을 돌아다니다가 로스엔젤레스 동부의 샌버너디노에서 한 형제가 운영하는 햄버거 레스토랑을 발견한다. 청결한 매장, 단순한 메뉴 구성, 표준화된 조리법, 효율적인 셀프 서비스 등에 감탄한 레이 크록은 이 매장을 전 세계적인 프랜차이즈로 만들겠다는 야심을 품는다.

그는 '맥도날드'라고 하는 브랜드가 기존의 주인 형제가 만든 이름임에도 불구하고 자신의 입에 착착 감긴다며 브랜드로 만들고 싶다고 이야기한다. 결국 현재의 맥도날드는 전 세계에 35,000개가 넘는 매장이 생겼고 프랜차이즈 사업의 대명사가 되었다.

바로 맥도날드와 창업자인 레이 크록에 관해 쓴 이야기가 《로켓 CEO》라는 책이다. 세계적인 CEO들도 극찬한 책이다. 소프트뱅크의 손정의 회장과 유니클로의 야나이 다다시 회장이 인생의 바이블이라고 했을 정도이니 프랜차이즈 창업을 준비하는 분들에게는 추천하고 싶은 책이다.

야나이 다다시 회장은 맥도날드의 성공 요인을 2가지로 분석했다. 첫 번째는 '과감하게, 남들보다 먼저, 뭔가 다르게'였다. 그리고 그는 맥도날드의 패스트푸드 방식을 벤치마킹하여 '패스트 리테일링'이라는 시스템을 만들어 편의점에서 옷을 고르듯 구매하는 소비방식과 유통구조로 혁신했다. 두 번째로 "프랜차이즈 본사는 가맹점에게 상품 공급으로 이득을 챙기려는 마음을 버리고 공생하고 상생하려는 마인드를 가져라"를 언급하며 프랜차이즈 사업의 본질에 대해 강조했다. 즉 본사와 가맹점은 업무적으로 긴장감은 가지되 철저히 동업자라는 인식으로 가맹점의 성공을 도우려는 자세를 가져야 한다는 것이다. 그래야 그 시스템이 더욱 공고해지고 본사뿐 아니라 가맹점도 독립하려는 마음을 없애고 함께 오래갈 수 있다고 말한 것이다.

프랜차이즈 본사는 가맹점 덕분에 수익이 날 수 있다는 점에 늘 감사하고 동반성장의 방안을 끊임없이 모색해야 할 것이다. 반대로 가맹점주는 자신의 위치를 스스로 존중하고 평등한 파트너 관계를 유지할 수 있도록 할 말은 하는 점포가 되어야 할 것이다.

모든 사업이 마찬가지지만 꽃집 창업에도 사업상의 파트너십이 필요한 부분이 많다. 창업에 있어서 새겨들을 부분이 많은 책과 영화라고 생각한다.

일본 최대의 꽃집, 아오야마 플라워마켓을 벤치마킹하자

나는 2014년 2월에 케이크화분을 런칭했다. 수 개월 동안 설계하고 디자인하여 선물시장을 겨냥하여 만들었다. 처음 한두 달간은 거의 혼자서 제작하고 홍보하고 판매하다가 판매량을 늘리기 위해 프랜차이즈화해보겠다는 생각을 했다. 그래서 사람들을 모으기 시작했다. 아르바이트생을 뽑기도 하고, 수강생을 모집하기도 했다. 각종 사이트와 카페에 구인글을 올린 결과 예상보다 많은 지원자들이 찾아와

주었다.

그분들 앞에서 내가 만든 케이크화분에 대해 약 30분간 열심히 설명하고 직접 만드는 시범을 보였다. 그리고 약 15분 동안 얼마나 창의적이고 멋지게 화분을 만드는지 테스트해보았다. 어떤 분은 시간 내에 반도 제작하지 못했지만, 어떤 분은 나보다 손놀림이 빠르고 정교했다. 그분을 1순위로 채용해 몇 달간 함께 일했다.

이렇게 약간의 테스트를 해보고 기준점 이상을 취득하신 분들에게는 '케이크화분'을 판매할 수 있는 일종의 판매 자격을 부여했다. 그리고 그들이 만들고 판매한 수익의 10%를 본사인 나에게 주는 조건으로 계약했고, 얼마든지 자유롭게 만들고 홍보해도 좋다고 했다. 이렇게 일종의 프랜차이즈 방식을 도입하려고 했지만, 단순히 상품을 잘 만든다고 해서 판매까지 잘하는 사람은 거의 없었다. 그때 깨달았다. 제품, 마케팅, 영업 등 그 무엇 하나 소홀히 할 수 없는 것을.

첫 사업인 만큼 의욕과 열정은 하늘을 찔렀지만 사업의 전반적인 프로세스와 절차는 아직 잘 몰랐다. 그래서 전진만 했던 것이다. 창업은 경영, 마케팅, 회계, 고객관리 등 모든 영역이 골고루 치밀하고 탄탄히 연결되어 있어야 한다. 현장에서 부딪쳐가면서 사업을 배우는 일도 옳고 중요하지만 사업의 전반적인 행정과 경영업무는 반드시 익히고 있어야 한다. 그래야 시행착오를 줄일 수 있고 성공을 앞당길 수 있다.

또한 빠른 성공뿐 아니라 바른 성공을 위해서도 경쟁사 분석과 벤치마킹은 아주 중요하다.

그런 의미에서 내가 추천하고 싶은 꽃집이 일본의 아오야마 플라워마켓이다. 이곳은 일본의 도심가를 중심으로 일본 내뿐만 아니라 전 세계에 100여 개의 점포가 있다고 한다. 모두 본사 직영점이라고 하니 믿을 수 있는 사람을 고용하여 브랜드 가치와 문화를 안정적으로 전달하고 싶은 곳인 것 같다. 한국 플로리스트들에게도 잘 알려져 있어서 일본 여행 시에 꼭 들르는 필수 코스이기도 하다.

이곳은 특히 꽃과 식물을 활용한 내부와 외부 인테리어가 환상적으로 아름답기로 유명하다. 여성 고객들이 상당히 많은데 인테리어와 꽃상품에 반하여 단골이 된다고 한다. 그중에서 가장 매력적인 상품은 '키친부케'일 것이다. 부담 없는 가격이고 크기도 적당하여 누구나 쉽게 꽃을 소비하도록 한 상품이다.

우리나라에는 축하나 기쁘게 할 목적으로 선물하는 3~5만 원 상당의 꽃상품이 많다면 일본은 키친부케 같은 상품으로 일상에서 누구나 즐기는 꽃 문화를 만들고 있다. 이제 한국에도 꾸까, 스노우폭스 플라워, 원모먼트 같은 확실한 브랜딩에 콘셉트가 좋은 꽃집들이 생겼으니, 화훼 트렌드가 점차 일상의 꽃 문화로 발전될 것 같아 기쁘고 흐뭇하다.

아오야마 플라워마켓은 플라워 카페 형태로 운영되며 각종 천연 허브차와 음식을 판다. 이런 점도 좋지만 매장 내부 전체가 그린 인테리어로 꾸며져 마치 숲속에서 공주로 대접받는 느낌이 물씬 난다. 테이블 위의 꽃도 자주 바뀌며, 구매한 꽃이 7일 이내에 시들면 교체해 준다고 하니 매일 싱싱하고 아름다운 꽃을 보고 즐기려는 고객은 더 늘어날 수밖에 없을 것이다.

우리는 언제 아름다움을 느낄까? 철학자 데이비드 흄은 이렇게 말했다. "아름다움은 본질적으로 사적이고 개인적인 경험이다. 아름다움은 보는 이의 눈과 마음속에 있다." 그리고 "아름다움이란 물체 자체의 특성이 아니라, 이것을 응시하는 이들의 마음속에 존재한다."

또한 미술평론가 에릭 뉴튼은 "아름다움은 기쁨을 주는 어떤 것"이라고 말했고, 화가 빈센트 반 고흐는 '늙고 가난한 사람들'에게서 말할 수 없는 아름다움을 느낀다고 했다.

이처럼 주관적이고 철학적인 견해가 아니더라도 우리는 사람이나 사물을 보고 아름다움을 느끼는 순간이 많다. 균형 잡힌 몸매가 드러난 여체의 모습을 보거나 그랜드캐니언 같은 장엄하고 신비로운 자연 경관을 보고 아름다움을 느낀다. 나는 아직도 터키에서 본 파묵칼레의 광경이 쉽게 잊히지 않는다. 그렇다면 그런 아름다움을 자아내게 하는 요소는 무엇일까?

지금 당장 좋은 기분을 느끼고 싶다면 여행 중 아름답다고 느꼈던 장소를 떠올려보면 된다. 하지만 그보다 더 쉽고 좋은 방법이 있다. 바로 눈앞에 예쁜 꽃을 한 송이 놓고 보는 것이다.

몇 년 전 KBS의 〈꽃의 비밀〉이라는 프로그램을 시청하게 되었다. 신기하고 재미있어서 세 번 이상 보았다. 그런데 이 프로그램을 보다가 정말 생각지도 못한 비밀을 알게 되었다. 꽃일을 정식으로 시작한 지 햇수로 6년이 넘어가는 시기였지만 처음 알게 된 사실에 소름이 돋기도 하였다. 바로 대부분의 꽃에는 '황금비'가 숨어 있다는 것, 그래서 우리가 꽃을 보고 아름다움을 느낀다는 것이다.

양귀비, 메릴린 먼로, 꽃의 공통점

아름다운 여인의 대명사이자 시대의 미녀로 손꼽히는 양귀비와 메릴린 먼로의 얼굴에는 특별한 공통점이 있다. 그들의 얼굴에 '황금비'가 존재한다는 것이다. 입술에서 코끝까지의 길이, 코끝에서 두 눈의 중점까지의 길이가 황금비율인 1:1.618에 가깝다는 것이다. 이렇게 사람의 외적 모습뿐 아니라 우리의 DNA 이중나선 구조에서도 그 길이와 폭이 황금비를 이룬다. 여기서 끝이 아니다. 황금비가 적용된 사례는 끝이 없을 만큼 우리 주변에 많다.

앵무조개의 껍질, 솔방울의 나선 모양, 초식동물의 뿔, 허리케인, 나선은하, 건강한 사람의 최대 혈압과 최소혈압의 비율, 밀로의 비너스상, 베토벤 교향곡 제5번 '운명'의 첫 악장 5마디, 이집트의 피라미드가 모두 황금비를 보인다고 한다. 그렇다면 꽃에는 어떻게 황금비가 적용될까?

어떤 꽃이건 상관없이 대부분의 꽃은 좌우 대칭을 이룬다. 붉은인동, 누린네풀, 봉숭아꽃, 땅나리, 원추리, 클레마티스, 금강초롱 등은 절반을 접어도 알맞게 포개어질 정도로 좌우가 같다. 좌우 대칭뿐 아니라 어느 곳에서 갈라놓아도 대칭을 이루는 경우가 많다. 이것은 균형미가 있다는 말이다. 우리 인간은 균형적인 것을 보았을 때 아름다움을 느끼도록 설계되어 있다.

주변에서 보는 꽃잎의 수를 살펴보면 몇 가지 특징을 발견할 수 있다. 카라는 1장, 꽃기린은 2장, 붓꽃과 나리는 3장, 채송화와 동백은 5장, 코스모스는 8장, 시네라리아와 칼리포니커스는 13장이다. 치커리와 과꽃은 21장이다. 무언가 규칙적인 배열이 느껴지는가.

좀 생소한 단어일 수 있지만 학창 시절의 기억을 되살려보면 '피보나치 수열'이라는 법칙을 배웠을 것이다. 기억이 안 난다면 지금이라도 인지하면 된다. 이탈리아의 수학자 피보나치가 토끼의 번식 스토리를 수학적으로 공식화한 것이다.

간단하게 그 원칙을 보자면, 꽃잎의 수가 1, 2, 3, 5, 8, 13……

으로 늘어나는데 여기서 앞의 2항의 합이 다음 항의 값이 된다. 즉 1+2=3, 5+8=13가 되는 것이다. 이것은 다른 꽃에서도 적용되고, 특히 해바라기 씨앗의 배치에서도 피보나치 수열을 확인할 수 있다. 해바라기 중앙의 씨앗 배열은 생식하기에 가장 좋은 이중나선 구조를 띄고 있기 때문이다. 왼쪽으로는 34개, 오른쪽으로는 55개가 되는 원을 이루며 빈틈없이 배열된 것이다.

꽃잎의 수도, 씨앗의 배열수도 피보나치 수열을 이루며 균형미와 대칭미를 자랑하고 있다. 1, 2, 3, 5, 8, 13, 21, 34, 55……로 이어지는 수열은 앞의 항과 뒤의 항이 황금비인 1:1.618을 이루고 있다.

그래서 우리는 꽃을 보고 대칭미와 균형미를 보게 되고 가장 자연스럽고 편안한 아름다움을 느끼게 된다. 무심코 지나치고 보았던 꽃이었을지 모르지만, 그 속에는 황금비라는 약속된 아름다움이 숨어 있다. 꽃은 막연히 예뻤던 것이 아니다. 예쁠 수밖에 없는 자연의 법칙을 따르고 있는 것이다. 감성으로 꽃의 아름다움을 느끼지 못하는 사람에게 이성적으로 꽃의 아름다움을 설명할 수 있다. 그것도 수학으로 말이다. 꽃은 의심의 여지없이 확실히 예쁜 존재다.

꽃이 아름다운 것은 힘들었기 때문이다

균형미를 지녔기 때문에 꽃이 아름답다고 이야기했지만, 꽃의 아름다움을 느끼는 시간과 공간은 개인에 따라 다르다. 예를 들면, 결혼식에 흰색 국화가 놓인다면 사람들은 당황할 것이다. 흰색의 국화는 보통 장례식장에서 쓰이기 때문이다.

또한 국화의 개화 시기는 9월에서 10월이다. 그래서 가을의 꽃으로 국화가 유명하다. 그런데 이런 국화가 사계절 내내 피어 있다면 그 매력이 온전할까? 꽃에는 한해살이와 여러해살이가 있지만 계절과 상관없이 계속 피어 있다면 반가움이 줄어들 것이고 매력도 반감될 것이다.

꽃은 생식하고 번식하기 위한 '인내의 결실'이다. 가장 아름답고 화려하게 뽐을 내어 생식의 매개체를 유혹하는 존재다. 꽃이 아름다울 수 있는 것은 인내를 거쳐 성장했기 때문이고 자신의 역할을 마치고 스스로 사그라지기 때문이다. 꽃을 피우기까지 식물은 땅을 뚫고 추운 겨울을 이겨낸다. 그리고 꽃을 피운 후 시들다 미련 없이 사라진다. 그것은 다음 꽃을 피우기 위함이다.

장석주 시인의 〈대추 한 알〉이라는 시가 있다. "저게 저절로 붉어질 리는 없다 / 저 안에 태풍 몇 개 / 저 안에 천둥 몇 개 / 저 안에 벼락 몇 개." 꽃도 마찬가지다. 세상에 그냥 피는 꽃은 없다. 그리고 사람도 대가를 치러야 꽃을 피운다.

이 글을 읽는 독자분도 혹시 지금 힘들거나 외로운 싸움을 하고 계시다면 오히려 축하를 드리고 싶다. 반드시 더 아름답고 멋진 웃음 꽃을 피울 것이라고 확신한다.

플랜테리어 시장을
겨냥하라

잘나가는 기업은 사무실이 푸르다

산업이 발달하고 개인주의가 만연하면서 사람들은 더욱 '소통'의 덕목과 가치에 집중한다. 전 세계인이 참여하고 만들어가는 지식 대백과사전 위키피디아나 10억 명을 연결한 페이스북을 보더라도 소통과 그에 대한 플랫폼의 효과를 길게 언급하지 않아도 될 것이다.

이번에 잠깐 소개하려는 기업은 대중과 소통하며 만들어가는 플랫폼 기업 '크라우드 플라워'이다. 이 기업은 꽃과 연결된 자연친화적 기업이 아니라 기업형 크라우드소싱으로 해마다 성장하는 IT 스타트업 기업이다. 이 회사가 급속도로 성장한 배경에는 여러 이유가 있겠지만 나는 그중에서 업무 환경과 분위기가 중요했다고 생각한다.

인간은 환경의 영향을 많이 받는다. 비싼 돈을 들여서 인테리어를 하는 것도 교육환경이 좋은 곳으로 이사하려는 것도 같은 맥락일 것이다. 크라우드 플라워가 실내외를 플랜테리어(식물을 활용한 인테리어)로 잘 꾸며놓은 것에는 공기정화의 목적도 있겠지만 '자율성과 창의성'을 증진시키려는 의도도 충분히 있었다고 판단한다.

모든 책상에 화분이 올라가 있고, 로비와 미팅룸 등 대부분의 환경이 초록으로 가득하다. 복장은 자유롭고 서서 일할 수 있는 데스크, 사내 운동시설, 게임시설 등이 갖추어져 개인이 즐겁게 일할 수 있고, 자유롭게 생활할 수 있는 공간으로 구성되어 있다. 기업 이념도 그린 라이프 스타일이라고 한다. 그래서 온통 식물 천지다.

미국에서 잘나가는 다른 기업들을 보아도 이제는 그린인테리어라고 불리는 '플랜테리어'가 보편화되었다. 식물이 사람의 생산성, 효율성, 창의력을 직접적으로 끌어올려 주기 때문이다.

영국의 엑시터대학교 연구진은 수 년간의 연구 끝에 이런 결론을 내렸다고 한다. "책상 위의 화분은 업무 웰빙환경지수를 개선하여 연봉을 높인다." 그에 대한 구체적 수치도 있다. 생산성이 38%, 창조성이 45% 향상된다는 것이다. 유럽의 유수 대학교에서 시행한 식물 연구 결과들에서도 대체로 비슷한 결과를 보였다고 한다.

국내에서는 건국대학교 생명과학대학원에서 비슷한 연구를 했다. 아이들 공부방에 식물이 없는 경우, 초록색 식물이 있는 경우, 초록색 식물과 꽃이 있는 세 가지 경우로 실험했는데, 결과는 예상하다시피 식물이 없는 경우보다 꽃과 식물이 있는 경우에 알파파와 베타파가 증진되어 학습 효과가 더 높았다고 한다.

책상 위의 화분이 성공을 돕는다

직장인에게 작업 효율은 정말 중요하다. 똑같은 시간을 일해도 성과를 얼마나 내느냐에 따라 승진과 연봉이 좌우된다. 그런데 그런 직장인이 일하는 책상에는 신기한 점이 있다. 화분이 놓인 책상 치고 더러운 곳이 별로 없다는 점이다. 당장 주변의 사무실을 둘러보아도 어느 정도 공감할 것이다.

화분을 놓는 사람은 쾌적한 환경을 중요시하는 사람일 확률이 높다. 바로 보이는 곳에 화분이 있으면 정서가 안정될 뿐만 아니라, 화분 때문에라도 책상과 주위를 정돈하는 것이 버릇이 된다. 이것은 나 스스로도 수차례 경험한 일이기도 하다.

책상이 한 번 어지럽혀지면 계속 놔두게 되지만, 마음먹고 정리를 하고 예쁜 화분을 놓게 되면 다시 어지럽히는 일은 줄어들게 된다. 이것이 식물의 힘이자 화분을 키우는 이유이기도 하다. 적어도 식물을 안 놓으면 안 놓았지, 일단 두게 되면 다른 환경이 된다.

그러니 직원을 관리하는 사장님이라면 회사 발전을 위해서라도 사무실에 화분을 공급하면 유리할 것이다. 그리고 꽃은 내성이 생기지 않는 항생제 역할도 한다. 즉 아로마 치료효과가 탁월하다. 독일의 헤븐 병원에서는 칸디다균 감염환자에게 천연 꽃 추출 오일이 세균억제에 얼마나 효과가 있는지 실험했다. 결과는 아주 긍정적이었다.

그뿐일까? 요즘엔 '꽃차'라고 하여, 먹을 수 있는 꽃을 재배한 후 잘 말려서 차로 유통하는 경우가 많다. 허브차, 민트차를 모르는 사람은 거의 없을 것이다. 이렇게 꽃차를 제조하는 방법을 가르쳐주는 기관이나 학교도 계속 늘고 있다. 꽃과 식물을 활용하는 방안은 무궁무진하다.

식물이 개인이나 기업에게 이익이 되고 효능이 있다는 것은 이제 보편적으로 알려지고 있다. 더 이상 지식으로만 그치지 않고 나의 손이 뻗칠 수 있는 곳부터 조금씩 그린으로 채워나가면 된다. 회사 책상에 작은 화분을 놓고, 파티션에는 물 관리가 용이한 넝쿨식물을 배치하면 좋다.

이 모든 것이 플랜테리어 시장이다. 아직 무궁무진한 분야라서 누가 먼저 선점하느냐가 관건일 것이다. 식물에 대한 기초적인 지식만 있어도 쉽게 뛰어들 수 있다. 식물에 대해 잘 몰라도 전문가의 조언과 자문을 구하면 된다.

플랜테리어 또는 그린인테리어에 관한 책을 보기를 추천한다. 꽃집 창업의 청사진을 그려나가는 데 상당한 도움이 될 것이라고 확신한다. 식물을 선물용으로만 본다면 그 시장이 너무나 좁다. 일과 삶의 장소로까지 확대하면 기회는 더 넓어진다.

3장

사람이 몰리는
꽃집 창업의 비밀 1
– 팔리는 꽃에 집중하라

FLOWER SHOP

"다육이가 뭐예요?"

"다육이 케이크, 그거 먹는 거예요?"

정말 의외였다. 나에게는 너무나 익숙하고 고마운 식물인 '다육이'가 누군가에게는 이름조차 생소한 존재라는 것이 신기했다. 다육식물이란 영어로 succulent plant, 한자로는 多肉植物이다. 우리가 흔히 알고 있는 선인장이 이 다육식물 종류 중 하나다. 다육식물이라는 개념이 큰 바다라면, 선인장은 강으로 분류되는 것이다. 또한 우리에게 익숙한 산세베리아도 다육식물이다. 산세베리아는 공기정화능력이 일반 식물에 비해 3배 이상 탁월하고 음이온이 다량 방출된다고 하여 10여 년 전 홈쇼핑에서 선풍적인 인기를 끌었다.

두산백과사전에서 '다육식물'을 찾아보면 "사막이나 높은 산 등 수분이 적고 건조한 날씨의 지역에서 살아남기 위해, 땅 위의 줄기나 잎에 많은 양의 수분을 저장하고 있는 식물을 말한다"라고 정의되어 있다. 이를 한번 곱씹어보면, 온도가 높고 건조한 사막 기후에 살던 식물이 살아남기 위해 본능적으로 잎 또는 줄기에 많은 양의 수분을 저장하면서 생명을 연장시키려는 노력을 했고 진화했다는 흔적을 알아챌 수 있다. 사람도 식물도 결국 적자생존인 것이다.

다육식물의 매력은 대충 키워도 된다는 것이다. 한 달에 한 번 정도만 물을 주면 된다는 것이 왠지 측은하기도 하고 기특하기도 하다. 다른 식물과 꽃은 '나를 봐줘, 물을 줘' 하며 소리 치고 어리광을 부리는 것 같은데, 다육이는 주인에게 '난 알아서 잘 있으니까 걱정 마세요. 가끔 여유 될 때 한번 바라봐 주세요'라고 말하는 것 같다. 참 자립심이 강하고 어른 같은 녀석이다. 그래서 다육이에게 더 특별한 것을 해주고 싶었다.

나는 송파구 문정동 가든파이브 내 청년창업센터에서 책상 하나를 두고 꽃집 창업을 시작했다. '이대강꽃집'이라는 상호를 내걸고 생화를 취급했지만, 공간이 너무 협소해서 냉장고를 둘 공간이 없었고 무엇보다 냉장고를 살 돈이 없었다. 꽃은 냉장보관이 중요한데 그럴 수 없으니 더 이상 생화를 직접 취급하지 못했다. 그리고 몇 번의 시행착오 끝에 비교적 관리가 쉬운 다육식물로 식물 아이템을 정했다.

다육식물의 장점은 관리가 쉽고, 빛깔과 모양이 다채롭고, 귀여운 외양에 있다. 나는 다육식물을 키우면서 점점 나와 동일시하는 버릇이 생기다가 결국 다육이와 깊은 사랑에 빠졌다. 홀로 창업 활동을 하면서 힘들고 외로울 때가 많았는데 그때마다 다육이는 나의 절친이자 애인이 되어주었다. 처음에는 다육식물의 이름을 다섯 개 정도 외우는 데에도 시간이 많이 걸렸다. 생김새가 비슷하고 이름도 생소해서 뒤돌아서면 까먹곤 했다. 그래도 인내심을 가지고 계속 반복하며 외우고 또 외웠다. 그리고 다육식물 사진을 찍고 블로그에 설명과 함께 올리다 보니 공부가 많이 되었다. 가끔 청년창업센터에서 무료 나눔 행사도 했는데 생각보다 반응이 좋아서 불티나게 없어지기도 했다. 그렇게 창업하고 1년이 지났을 때 다육식물 이름을 100개 이상은 외우게 되었다.

다육이 케이크화분으로 시작하다

커져가는 다육식물에 대한 애정과 열정은 식을 줄을 몰랐다. 창업센터 내 촬영실에서 며칠 동안 밤샘 근무를 하며 다육식물 상품 사진을 찍을 때도 다육식물과 더 깊은 소통을 하며 피곤함을 이겨냈다. 촬영을 하면서도 머릿속엔 온통 '어떻게 하면 이 예쁘고 매력적인 녀석을 더 많은 사람에게 알릴 수 있을까' 하는 생각뿐이었다.

다육식물을 판매하는 꽃집은 아주 많지만, 우리 꽃집은 뭔가 특별하고 다른 매력을 발산해야 했다. 그래서 끝없이 연구했고 그 아이디어를 음식에서 찾았다. 나는 평소 맛집에 관심이 많았고 예쁜 식물을 유명한 식당의 음식처럼 독특하고 정갈하게 그릇에 담아 팔아보고 싶었다. 그래서 처음에는 뚝배기, 냄비, 소주잔, 막걸리잔, 와인잔 등에 심어서 샘플로 만들고 홍보하기도 했다.

그렇게 낱개로 파는 것은 마진이 별로 남지 않아서 나중에는 '국가별 밥상 패키지'를 구성해서 판매해보았다. 사람들은 높은 흥미를 보였지만 실제 구매로 이어진 비율은 크지 않았다. 예를 들면, 우리나라 전통자기와 뚝배기, 양은냄비 등을 활용하여 '한국식 밥상 다육이'를 만들어보기도 했고, 정갈한 일본 도시락 형태도 만들었고, 서양 음식에 대한 아이디어도 짜보았다.

그렇게 6개월 남짓 연구만 하다가 불현듯 찾아온 행운의 박씨가 있었다. 우리 청년창업센터에서 소호무역을 하던 대표가 종종 일본 출장을 갔는데, 어느 날 그에게 출장을 가면 꽃시장에 가서 좋은 아이디어가 될 소스를 구해달라고 부탁했다. 한 달이 지났을 즈음 출장을 다녀왔다며 나의 당부를 잊지 않고 몇 장의 사진을 보여주었다. 일본의 유명 백화점에서 판매하고 있는 선인장 화분이었다. 선인장을 케이크처럼 심어놓았는데 식당 앞의 샘플 음식처럼 실리콘을 활용하여 휘핑크림도 만들고 딸기 모양 장식도 올려놓았다. 다소 충격적이었다. '예쁘긴 한데 이런 재료들을 어디서 구할까? 과연 구할 수 있을까?' 고민을 하다가 일단 움직여보기로 했다.

꽃시장 자재상가, 동대문 방산시장을 비롯하여 케이크 장식에 쓰는 모든 재료를 사 모았다. 나중에 안 사실이지만 중국에 가보니 비슷한 재료들이 3분의 1 가격으로 판매되고 있었다. 여하튼 주변의 변리사를 비롯하여 내가 속한 모임들의 사람들과 소통하고 리서치해보니 신선하고 괜찮다는 의견이 많았다. 어느 정도 가격이면 고민하지 않고 사겠느냐는 질문도 빠트리지 않았다.

점점 구체적인 그림이 그려졌다. 그리고 강하게 밀어붙였다. 일단 금형을 만드는 데 300만 원이 필요했고 나머지 부자재를 사는 데 200만 원이 필요했다. 나는 창업센터와 연결되어 있는 기업은행을 통해서 청년창업전용 대출을 저리로 500만 원 받았다. 아직 매출이 없기 때문에 더 이상은 안 된다고 했다. 500만 원으로 승부를 봐야 하기에 10원도 허투루 쓸 수가 없었다.

그렇게 시작된 케이크화분이었다. 한 달간 고심 끝에 '밭에서 나는 고귀한 다이아몬드 선물'이라는 뜻으로 earth+sun+diamond =earthundia 라는 제품명도 냈다. 이 얼썬디아의 콘셉트는 '나눔과 감사'이고, 생일이든 승진이든 축하받을 자리에서 사랑하는 사람들과 함께 기쁨을 나눈다는 스토리를 담았다.

케이크 한 조각의 중심각을 36도로 설정해, 10조각으로 분리할 수 있게 만들었고, 낱개 포장과 10개 한 판 포장이 가능하게 했다. 그리고 전국택배가 가능하도록 흙과 돌을 고정시켜야 했다. 감자전분 가루를 써보기도 했고, 열심히 발품을 팔아 건축미장에 쓰는 하얀 가루를 구해 쓰기도 했다. 친구, 고객, 친척 등을 대상으로 여러 번 전국 택배 배송 테스트를 해보았는데 모두 균열이 발생했다. 그대로 는 온전히 배송할 수가 없었다. 그래서 어쩔 수 없이 용달배송을 하기 로 했다.

그렇게 배송 문제를 해결하기 위해 수많은 실패와 시행착오를 감 수해야 했다. 결국 수도권과 경기지역으로 한정해 차량 배송과 직접 수령 방식을 택했다. 물론 지금은 지방까지 배송이 가능하도록 택배 사와 따로 계약했다.

이렇게 약 2달에 걸쳐 제품 설계 스케치부터 재질 선택, 포장용 기 공수, 택배 시스템까지 마련했다. 그리고 지식재산권을 보호하기 위해 디자인 출원도 했다. 처음부터 2014년 2월 초에 완성하여 2월 14일 밸런타인데이를 겨냥해 런칭할 계획이었다. 그래서 2013년 12 월부터는 오로지 이 다육이 케이크화분 만들기에만 집중했다.

그리고 그 결과, 목표했던 시기에 맞추어 제품을 출시할 수 있었 다. 완성된 케이크화분을 들고 대학교 졸업식에서 판매를 열심히 해 보았다. 어떤 날은 한 개도 못 팔았지만 따뜻한 봄이 되니 판매량이 조금씩 늘었다. 난생처음 블로그에 상품 포스팅을 했는데, 그것을 보 고 경남 창원에 계신 고객이 문의를 주셨다. 처음이라 엄청 당황했다. "네네네, 당연히 배송되지요"라고 말했지만 아직 지방 배송 시스템이 마련되지 못한 때였다. 좋았던 마음을 추스르고 다시 전화하여 말했 다. "고객님, 죄송합니다만 현재 배송에 문제가 생겨서 안타깝지만 상 품을 보내드릴 수 없게 되었습니다." 말하면서 진땀이 났다. 결국 그

손님은 서울까지 와서 제품을 사 가셨다. 남자친구에게 꼭 선물하고 싶다며 생글생글 웃던 손님이 아직도 생각난다.

SNS를 통해 이 다육이 케이크화분의 별칭을 공개모집하기도 했다. 지금도 기억에 남는 이름은 '호강다육', '다육이 꽃 필 무렵', '먹지 마세요, 친구에게 선물하세요', '칼로리가 없어 다이어트에 좋습니다. 다육 다이어트' 등이 있다.

다육식물에 실제 케이크처럼 과일 장식과 소품을 활용한 것에 사람들은 흥미를 보였다. 웃긴 일화도 있다. 다육이 케이크화분을 주문했던 고객의 할머니께서 거실에 놓인 케이크화분을 보고 실제 케이크인 줄 아셨던 모양이다. "케이크는 냉장고에 넣어두거라"고 말씀하셨다고 한다.

2014년 2월에 출시한 다육이 케이크화분은 지금도 강의 소재가 되고 있으며 제품 문의도 여전히 들어온다. 무엇이든 가능성이 보이면 구체적 그림을 그리고 강력하게 추진할 수 있는 열정이 있다면 창업의 반은 성공했다고 본다.

2015년에는 대통령 직속 청년 위원회와 고양시가 지원하는 청년장사꾼 1등으로 선발되어 고양시 일산서구 원마운트에서 1년간 임대료 지원을 받고 장사를 했다. 작년에는 대기업에서 원예치료 강의를 했고, 어린이집 체험학습과 중고등학생 대상 플로리스트 직업체험 수업을 하며 왕성히 활동했다. 지금은 다육식물을 '이대강 꽃집창업 연구소'에서 원예치료 도구로서 적극 활용하고 있다.

드라이하지만 결코
드라이하지 않은 꽃선물

내겐 너무 가벼운 꽃다발

앞에서 언급한 다육이 케이크화분은 사실 오래 볼 수 있는 꽃다발이 없을까 하고 한참 고민하다가 나온 아이디어다. 꽃다발의 수명이 평균 2주라고 가정했을 때, 그 후 쓰레기통에 들어가야 하는 꽃들의 모습이 너무나 안타까웠다. 그래서 2주가 아닌 2달, 2년이 지나도 볼 수 있는 꽃다발을 연구하다가 10개의 다육식물을 조각처럼 모아서 꽃다발처럼 한아름 안을 수 있게 한다면 참 좋겠다는 생각이 들던 것이다.

하여튼 다육식물을 꽃다발처럼 만든 것은 좋은 아이디어일 수 있지만, 심리적으로 꽃과 다육식물은 선물을 받았을 때 그 느낌이 현저히 다르다. 꽃은 향기가 있고 풍성하고 화려하고 무엇보다 받았을 때 내가 주인공이 된 듯하다. 지상 공중파에서 하는 연말 시상식을 보면 최우수 연기상, 대상 수상자들이 수많은 꽃다발에 파묻혀 눈물 섞인 수상 소감을 발표하는 장면을 봐도 꽃다발이 주는 위력을 알 수 있다.

꽃다발 자체가 축복이고 사랑이라는 느낌을 주기 때문에 사람들은 굳이 비싼 돈을 주고서라도 고급스럽고 예쁜 꽃다발을 선물하는 것이다. 한번 상상해보면 바로 이해가 갈 것이다. 연말에 방송인 유재석 씨가 꽃다발이 아닌 공기정화식물 화분을 한두 개도 아닌 수십 개를 받는다면 일단 그 무게부터 감당이 안 될 것이다. 하지만 드라이플라워라면 다르다. 초등학생도 수십 개를 들 수 있을 만큼 너무나 가볍다. 드라이플라워라면 무게 때문에 꽃다발 선물을 꺼리는 손님은 없을 것이다. 그리고 무엇보다 오래간다.

드라이플라워의 최대 장점은 가볍다는 것이다. 말 그대로 드라이한 꽃이다. 즉 수분을 건조한 것이다. 건조 방법은 크게 3가지로 나뉘는데 비교적 간단하다. 첫 번째는 제일 대표적이고 무난한 자연건조법이다. 통풍이 잘 되고 빛이 좋은 곳에서 거꾸로 매달아 2~3주 보관하면 완전히 마른 드라이플라워가 된다. 보통 천일홍, 수국 같은 꽃을 자연건조한다.

두 번째는 실리카겔이나 펄라이트 같은 건조제를 쓰는 방법이다. 꽃잎이 약해서 뒤틀리거나 모양이 변형될 위험을 사전에 막을 수 있다. 장미, 수선화, 채송화, 양귀비, 팬지처럼 잎이 야들야들한 꽃을 건조할 때 사용한다.

세 번째는 알코올이나 글리세린 같은 용액을 이용하여 건조하는 방식이다. 소철, 갈대, 솔방울 등에 쓰인다. 이렇게 다양한 방법으로 드라이플라워를 만들지만 자연건조법이 아니고서야 건조제나 용액을 사용해야 한다. 비교적 전문적인 기관에서 교육을 받아 만들거나 이미 잘 만들어진 드라이플라워 재료를 직접 구매해서 사용하는 것도 좋은 방법이다. 참고로 양재 꽃시장(aT화훼공판장) 2층과 서울고속버스터미널 경부선 3층에 가면 관련된 재료를 비교적 저렴하게 구매할 수 있다. 꽃 도매상가 정보는 7장에 수록했다.

매장 인테리어에도 좋은 드라이플라워

꽃집에서는 생화에 대한 재고가 조금씩은 생기기 마련이다. 꽃은 한 송이가 10개로 묶인 한 단씩 유통되기 때문이다. 생화를 이용해 꽃다발이나 바구니를 만들고 나면 약간의 꽃들이 남기 마련이다.

이것으로 다른 꽃다발이나 상품을 제작할 수도 있지만, 형태나 색깔이 너무 다르면 조화롭지 못하므로 어쩔 수 없이 버려야 한다. 그런데 그 생화들을 한곳에 모아두었다가 적절히 빛이 들고 통풍이 잘되는 곳에 거꾸로 매달아놓기만 해도 저절로 드라이플라워가 된다. 빨래집게 같은 집게나 실, 끈만 있으면 어떤 꽃이든 상관없이 그 꽃 형태 그대로 보존하면서 수분만 증발시킬 수 있는 것이다.

양재 꽃시장에서도 절화 도매시장을 가보면 드라이플라워를 만들고 있는 모습을 흔히 볼 수 있다. 어떤 꽃은 오히려 생화보다 드라이플라워로 팔면 오래 팔 수 있고 값도 더 받을 수 있다. 그래서 처음부터 드라이플라워로 제작하는 경우도 있다.

그리고 드라이플라워는 플라워 카페나 꽃집 인테리어에도 탁월하게 쓰인다. 보통 매장 내부 천장이나 입구 쪽에 배치함으로써 빈티지하고 고풍스러운 느낌을 자아낼 수 있다. 한남동이나 압구정동의 카페, 젊은이들이 많은 홍대 쪽의 카페나 플라워 카페를 가보면 드라이플라워로 장식된 곳을 적지 않게 볼 수 있다.

드라이플라워의 색감은 그 어떤 예술작품과 비교해도 떨어지지 않는다. 꽃이 상온에서 그대로 마르면서 색깔이 조금 변형되지만 형태는 고스란히 남는다. 오히려 살아 있을 때의 색보다 건조되었을 때의 색이 더 아름답고 멋스러운 경우가 많다. 한 가지 아쉬운 점은 있다. 드라이플라워는 보관이 중요하다. 마치 감자칩처럼 바삭해서 조금만 힘을 주어 만지면 부서질 수 있다. 그래서 포장할 때 더욱 주의해야 한다.

포장지도 내추럴한 크라프트지나 한지 비슷한 것을 많이 사용한다. 드라이플라워의 자연스럽고 빈티지한 느낌을 훼손시키지 않는 선에서 되도록 화려하지 않은 포장지로 살짝 감싸 포장해주면 적당하다.

최근에는 드라이플라워로 해볼 수 있는 영역이 참 넓어졌다. 내가 창업할 당시에만 해도 드라이플라워 꽃다발이 거의 전부였지만, 지금은 드라이플라워를 활용해 석고방향제를 만들고 디퓨져도 만든 다. 심지어는 방과후지도사로 활동할 수 있게끔 드라이플라워 디퓨저 전문교사까지 양성하고 있다.

실제로 내가 꽃집 창업반을 수강하던 시절에도 '압화' 수업이 있 었는데, 압화는 말 그대로 꽃을 눌러서 평면적으로 만들어 엽서나 액 자로 활용할 수 있게 하는 것이다. 생화 중에서 꽃과 잎이 너무 얇아 서 드라이플라워를 만들기 어려운 것은 압화로 만들어 사용할 수 있 다. 그러면 멋스러운 꽃선물이자 작품이 된다.

천일화 千日花, 프리저브드 플라워로
매출을 공략하라

'천 일 동안' 보존되나요?

"천 일 동안~ 힘들었었나요~?" 이 가사만 보고 멜로디와 가수가 떠오른다면 아마 나와 비슷한 연배일 것이다. 바로 이승환의 〈천일동안〉이라는 노래다. 서로 사랑하던 두 남녀가 천 일간 잘 사귀다가 헤어졌고 남자는 그 아픔과 슬픔을 절규하듯 토해낸다. 많이 사랑했지만 헤어진 것이 오히려 자유롭고 후련하다고 말하는 이 노래의 제목이 '천일동안'이 아니라 '슬픈 이별'이었다면 지금처럼 인기가 있었을까?

이렇게 우리는 어떤 대상이나 스토리에 숫자가 들어가면 더 쉽게 이해하게 된다. 마찬가지로 '천 일'이 들어간 이름으로 뜬 꽃이 있다. 바로 천일화千日花다. 정식 명칭은 프리저브드 플라워preserved flower 이고, 보존화라고도 불린다. 손님에게 천일화라고 소개하면 "아, 이거 천 일이나 가요?"라는 질문을 받고는 한다. 들려주는 순간 벌써 스토리가 된 것이다. 실질적으로 만들 때의 약품 비율과 농도에 따라서 2년 내지 5년 이상 갈 수도 있다. 또는 관리 여하에 따라 수명이 천차만별이다.

사실 꽃의 매력은 그 한시성에 있기도 하다. 꽃이 1년 내내 사계절 피어 있다면 그 매력은 반감될 것이다. 제철에 활짝 멋지게 핀 꽃은 우리를 설레게 한다. 그리고 이내 꽃이 져버리면 아쉬움이 짙어진다. 그래서 아름다운 꽃을 오래 보고 싶은 욕망으로 보존화를 만들게 된 것인지 모르겠지만, 어쨌든 보존화에 대한 인기는 계속 상승하고 있다.

생화를 좋아하는 손님이 있으면 생화를 권해드리고, 오래 두고 볼 수 있는 꽃을 찾는 손님에게는 천일화를 추천해드리면 되는 것이다. 경제가 위축될수록 사람들은 실용적인 무언가를 더 따지게 된다. 그런 면에서도 보존화는 사람들의 취향을 잘 저격한 상품이다. 또한 꽃보다는 푸른 잎이 많은 식물이나 나무 종류를 선호하는 분들도 보존화에 관심을 보인다. 오랫동안 두려고 식물을 구입하는 분들의 성향일 것이다. 그리고 보존화는 따로 관리할 필요도 없이 실내를 오랫동안 장식할 수 있는 제품이기에 식물을 키우는 게 부담스러운 사람들에게 좋은 아이템이다.

수원 농촌진흥청에서 보존화를 배우다

2013년 즈음 꽃집 창업을 앞두고 아이템 선정 때문에 많은 고민을 했다. 아무래도 조부모님부터 아버지까지 계속 해오신 화훼사업을 태어날 때부터 보고 자라서 익숙한 것을 선택하는 것이 유리하겠다는 마음은 있었다. 하지만 꽃도 종류가 워낙 많아서 더 세분화하여 어떤 꽃을 취급할지 심사숙고해야 했다.

다방면으로 시장조사를 하다가 갑자기 보존화가 마음속에 들어왔다. 그리고 수소문 끝에 경기도 수원에 있는 농촌진흥청으로 가면 자료를 구할 수 있고 전시도 볼 수 있다는 소식을 접했다. 행동이 빠른 나는 망설임 없이 수원으로 향했다. 전시장으로 들어서니 생각보다 많은 종류의 보존화가 있었고 이쪽으로 참 많은 연구가 진행되고 있다는 사실을 알게 되었다. 마침 한국 프리저브드 플라워 협회장을 맡고 계신 사장님을 만나 더 자세한 이야기를 들을 수 있었다. 이후에는 양재동 화훼공판장에서 보존화 만들기 수업에도 참가했다.

보존화는 1980년대 이탈리아에서 작은 잎과 꽃을 위주로 시작되었다고 한다. 그리고 1991년 프랑스에서 장미 보존화를 성공적으로 만들어내면서 전 세계적으로 확산되었다. 우리나라에서는 2005년 처음 선을 보였고, 2008년 즈음 농촌진흥청에서 보존화 발명특허 기술이 개발되어 국산화의 보존화 생산이 시작되었다. 그래서 2010년이 넘은 때부터 꽃집에서 보존화가 조금씩 보였던 것으로 기억한다.

몇몇 꽃집이 보존화를 전문적으로 취급했는데 값이 비싸다는 이유로 손님들이 잘 사 가지 않아서 드물게 판매되고 있었다. 지금은 그때에 비해 훨씬 자주 꽃집에서 볼 수 있게 되었다. 기존의 일반적인 꽃바구니가 5만 원 정도 가격이라면 같은 크기로 프리저브드 플라워 바구니를 제작하면 20만 원은 훌쩍 넘는다. 그래도 이제 제법 판매가 된다.

이제는 소비자들도 드라이플라워나 프리저브드 플라워라는 개념을 대부분 안다. 불과 7, 8년 전만 해도 대중적이지 않았다. 보통 어느 사업이건 가장 먼저 뛰어든 선구자가 고생만 하고 돈을 잘 벌지 못하고, 두 번째 후발주자가 돈을 더 잘 번다는 이야기가 있다. 꽃산업도 이런 정설이 통하는 시장인지 모르겠다. 프리저브드 플라워를 우리나라에 처음 도입한 분들이나 차후에 이 아이템으로 사업을 시작하신 분들이나 모두 원하는 만큼 수익을 얻기를 소망해본다.

도입 후 시간이 지나면서 보존화를 만들 수 있는 방법도 간단해지고 가격도 표준화되었다. 지금은 예쁘고 세련된 디자인 상품들이 많아졌다. 또한 지하철역 근처나 버스정류장 부근에서도 꽃자판기를 적지 않게 볼 수 있다. 이것도 일종의 트렌드이다 보니 꽃집 창업을 하려는 분들은 이렇게 관리가 비교적 쉬운 드라이플라워나 보존화를 사용하면 더 좋은 성과를 낼 것이다. 꽃 자판기의 생화, 조화, 식물의 비율은 내 마음대로 조정할 수 있다. 상권의 특성과 분위기를 고려하여 디스플레이해보면서 판매되는 추이에 따라 조금씩 변화를 주면 스스로 정답을 발견할 수 있을 것이다.

보존화 만들기 수업을 양재동 화훼공판장 2층에서 수강해본 경험이 있다. 용액은 크게 두 가지를 쓰는데 한 가지는 탈색제이고 다른 한 가지는 착색제이다. 그때 수업은 연한 핑크색 장미를 이용하여 파란색 장미를 만드는 것이었는데 착색제 용액에 담가놓으면 놀랍게도 핑크색을 띠던 장미가 완전히 살색으로 바뀐다. 그렇게 탈색된 장미를 이제 원하는 색상으로 염색하는 것이다. 사람들이 머리 염색을 하는 것과 비슷하다고 볼 수 있다. 이렇게 염색까지 하고 바짝 건조하면 생화의 고급스런 느낌을 고스란히 간직하면서도 물을 주지 않아도 되는 보존화가 탄생하는 것이다.

드라이플라워는 생화 건조에 쓰는 용액이 다르고 보통 자연건조하기 때문에 수분이 모두 빠진 후 부스럭거린다. 하지만 프리저브드 플라워는 실제로 만져보신 분들은 알겠지만 잎이 부드럽다. 생화의 느낌이 많이 남아 있다. 다시 말해서 드라이플라워는 힘주어 만지면 바스라지지만 프리저브드 플라워는 쉽게 부서지지 않는다. 가공에서 생기는 이런 차이 때문에 드라이플라워보다 프리저브드 플라워가 조금 더 비싼 편이다.

일단 소비자는 평균 천 일 이상 볼 수 있다는 점에서 큰 매력을 느낀다. 예를 들면, 추모원이나 성묘를 갈 때 생화를 쓰면 금방 시들어버리고 조화를 쓰면 뭔가 죽어 있는 가짜 꽃을 쓴 느낌이라 꺼려지게 된다. 이런 경우 프리저브드 플라워를 선호하는 고객이 점차 늘고 있다. 그리고 얼마든지 소형에서 대형까지 크기를 자유자재로 만들수 있다. 자동차 방향제, 디퓨저, 양복 상의에 꽂는 부토니에 같은 작고 오래가는 생활 용품부터 회사 개업이나 이전 시 벽면 장식에 쓸 큰 원형의 리스 장식에도 프리저브드 플라워를 사용하는 경우가 많다.

조금만 손품을 팔아서 해외 사이트나 외국 잡지를 보면 좋은 디자인과 아이디어를 찾을 수 있고, 생활 속 필수품 프리저브드 플라워 상품으로 새롭게 창조할 수 있다. 프리저브드 꽃시계, 프리저브드 볼펜, 프리저브드 필통 등 사무용품과 보존화를 융합하여 신상품을 만들 수도 있고, 인테리어나 소품 업체와도 협업이 가능한 영역이다. 또한 보존화 구매 후 천 일 이상 소장한 고객에게 깜짝 이벤트를 시행해볼 수도 있다.

플라워 카페 시장을
선점하라

고객의 고민을 해결하라

당신은 지금 중국집에 왔다. 메뉴판을 열어보니 짜장면과 짬뽕 사진이 너무 먹음직스럽다. 둘 중 어떤 것을 먹을지 1초의 망설임도 없이 선택할 수 있는가? 이번에는 장소를 바꿔서 예쁜 커피숍에 왔다. 시원한 아메리카노를 마실지 카페라떼를 고를지 정했는가? 이처럼 선택의 기로에 설 때가 많다. 확실한 기호가 있다면 망설임 없이 고르 겠지만 하나를 얻기 위해 하나를 포기해야 하는 상황에서 사람은 얼 마든지 우유부단해질 수 있다.

이런 심리를 파악하여 고객 입장에서 해결책을 제시해줄 수 있 다. 특히 둘 다 먹고 싶은 사람을 위해 복합, 퓨전 제품을 내놓는다.

그래서 짬짜면이나 아메리모카 같은 음식이 생겼다. 탕짜면이나 탕볶음밥 그리고 양념 반 후라이드 반 치킨도 비슷한 사례다. 결국 사업이라는 것은 사람들의 불편한 점을 개선하고 그에 따른 보상을 받는 것이다. 좋은 아이디어를 구체화하여 고객을 행복하게 한다면 그에 따른 보상은 따라오기 마련이다.

음식뿐 아니라 제품의 융합을 통해 더 잘된 경우는 많다. 거실과 주방을 둘러보자. 가스오븐렌지, 냉장고, 정수기 등 요즘은 한 가지 기능만 있는 전자제품은 별로 없다. 기존의 하드웨어에서 소프트웨어만 업그레이드해 기능을 개선하는 경우도 많다.

이제는 둘 이상의 기능을 얼마나 잘 융합하느냐에 집중하는 시대다. 이에 따른 성공 사례도 많다. 멀티샵, 편집샵처럼 여러 성격의 매장이 한곳에 모이면 소비자도 상품의 선택과 구매가 편리해진다. 이것은 자연스럽게 매출로 이어진다. 가방을 사러 왔다가 그에 걸맞은 옷을 사고 벨트를 사고 액세서리를 사게 된다. 이처럼 타깃층이 비슷하면 이들을 대상으로 2차, 3차 소비를 이끌어낼 수 있다.

우리가 흔히 자주 다니는 마트나 백화점 디스플레이에도 VMD비주얼 머천다이징가 적용된다. 이는 수학적, 과학적으로 고객의 동선에 따른 상품 배치와 진열을 함으로써 구매 욕구를 상승시키는 기술이다. 디스플레이에 관해서는 이랑주 VMD 전문가가 쓴 《좋아 보이는 것들의 비밀》이라는 책을 추천한다. 같은 사과라도 어떤 소쿠리에 담느냐에 따라 매출이 판이하게 달라지는 원리를 터득할 수 있다.

카페나 꽃집도 마찬가지다. 카페에 오거나 꽃집에 오는 손님의 성향을 파악해본다면 대화를 좋아하거나 감성적 소통을 원하는 20, 30대 여성이 가장 많을 것이다. 지역이나 상권에 따라 주 고객층은 다르겠지만, 비교적 여성 소비자가 인테리어나 분위기를 중요하게 여기는 경향이 있다.

일본의 도쿄와 오사카 등 도심에 위치한 프랜차이즈 플라워샵 중에 아오야마 플라워샵이 있다. 일본의 대표적인 플라워 카페로서 한국인들도 많이 다녀오는 곳이다. 실제로 플로리스트나 화훼업, 조경업 종사자들이 견문을 넓히기 위해 다녀오기도 한다. 나 또한 머지않아 오사카를 갈 때 아오야마 플라워샵에 방문할 계획이다.

아오야마 플라워샵에 가보면 제대로 여심을 겨냥했다는 것을 느낀다. 테이블마다 매주 또는 매일 꽃이 바뀐다. 벽면, 천장, 출입문 내외부가 모두 꽃과 식물로 가득하다. 분위기부터 여성들의 마음을 사르르 녹게 만들어 2차 3차 소비도 기분 좋게 이어지도록 꾸며져 있다.

자, 그렇다면 어떻게 하면 꽃집과 카페를 융합해서 시너지를 낼수 있을까? 어떻게 하면 두 마리 토끼를 잡아서 매출을 높일 수 있을까? 이제 알아보자.

커피를 마시러 왔다가 꽃을 사다

사람들이 카페에 오는 이유는 무엇일까. 본질적으로 차를 마시려는 목적도 있겠지만, 개인적인 일을 보거나 함께 온 사람들과 이야기를 나누는 경우가 대부분일 것이다. 즉 사람들이 모이는 공간이다. 이들을 만족시키기 위해서는 무엇보다 차의 맛과 향이 좋아야 한다. 또한 분위기도 중요하다.

종합해보면 좋은 카페란 '카페에 있는 동안에는 편안하고 나갈 때는 뭔가 아쉬운 마음에 또 오고 싶어지는 그런 카페'라고 생각한다. 마치 오래된 친구나 연인처럼 내 마음을 잘 헤아려주고 행복한 느낌을 주는 공간일 것이다. 이처럼 카페라는 공간을 어떻게 꾸미느냐에 따라 손님이 가지는 느낌은 천차만별일 것이다.

요즘에는 카페에 혼자 오는 손님이 꽤 많다. 그렇다면 이들이 원하는 것은 무엇일가? 집에서 차를 마시고 작업을 할 수 있는데도 카페에 오는 이유는 여러 가지겠지만 방해받지 않으면서도 동질감을 느낄 수 있는 사람들 속에 섞였다는 위로감이 아닐까? 나는 이렇게 혼자 오는 손님을 위한 플라워 이벤트가 있다면 효과가 있을 것이라 생각한다. 실제로 홍대에 있는 '술 파는 꽃집'은 말 그대로 꽃집이면서 술집이다. 장사도 잘 된다.

보통 '플라워 카페'를 많이 생각하지만 이렇게 '술과 꽃'을 융합하니 또 다른 시너지가 발생하는 것이다. 나 또한 예전부터 '플라워 레스토랑'을 간절히 꿈꿔왔다. 어느 뷔페식당을 갔는데 꽃장식이 너무 잘 되어 있어서 꽃집을 방불케 할 만큼 아름다웠고 그 모습이 인상 깊었다.

이처럼 카페라는 특수한 공간과 꽃은 완벽한 찰떡궁합이라고 해도 과언이 아니다. 대부분의 꽃에는 꽃말이 있다. 대체로 꽃말의 의미는 긍정적이고 밝다. 예를 들어, 노란 수선화의 꽃말은 '자기애, 고결, 신비, 자존심' 등이다. 또한 수선화의 학명은 그리스신화에 나오는 나르시스라는 청년에게서 유래한다.

나르시스는 물에 비친 아름다운 자기 얼굴에 반해서 물에 빠져 죽었고, 그곳에 수선화가 피었다고 한다. 여기에서 비롯된 꽃말이 '자기애'다. 이 꽃말을 따서 "네가 정말 좋아"라고 쓴 스티커를 붙여 온전히 나를 위한 꽃선물을 할 수 있다. 내가 그랬던 것처럼 꽃선물은 사람을 미소 짓게 한다. 아무리 극악무도한 범죄 집단도 싱싱한 생화 장미를 테이블 위에 둔다는 말이 있다. 꽃이 가진 힘은 사람의 마음과 기분을 변하게 하는 데 효과가 탁월하다.

공간과 꽃을 활용한 예는 무궁무진하다. 카페, 식당, 노래방, 갤러리, 사무실, 욕실 등 우리의 일상과 일터에서 좋은 예를 많이 볼 수 있다. 꼭 자격증이 없더라도 관련 잡지를 많이 보고 참고할 만한 곳을 다녀보면 보는 눈을 갖출 수 있다. 그러다 보면 안 보이던 것들도 보일 것이다.

편의점이나 마트에서 계산하기 위해 잠시 서 있는 동안에 살 수 있도록 계산대 주변에 상품이 놓여 있다. 꽃집도 매장 내 계산대 주변에 작은 소품을 준비한다면 매출에 도움이 될 것이다. 마지막으로 이미 만개했거나 생명력이 다해가는 꽃은 아낌없이 고객에게 선물하는 방법도 좋다. 재방문으로 이어질 것이고 결국 단골고객으로 만들 수 있다. 언제나 중요한 것은 고객이 문을 나가면서 웃게 하는 것이다. 그것이 포인트다.

꽃값이 비싸다?
포장 간소화가 답이다

농림축산식품부 통계자료에 의하면 우리나라 국민 1인당 1년 꽃 구매액은 14,000~15,000원이라고 한다. 이웃나라 일본은 10만 원, 유럽의 스위스, 노르웨이, 네덜란드는 11~16만 원 수준으로 우리보다 10배 이상 많은 세계 최고의 꽃 소비국이다. 이들에게는 일상에서 꽃을 즐기는 문화가 자리 잡고 있다. 그렇다면 우리나라의 꽃 구매액이 낮은 이유는 무엇일까?

내가 생각하는 가장 큰 이유는 꽃에 대한 인식이다. 꽃을 사치품 또는 소모성 상품이라고 여기는 인식이 많다. 물론 꽃이 다이아몬드나 금처럼 엄청 비싼 고가의 제품도 아니고 오래 보존할 수 있는 것도 아니다. 하지만 나는 꽃만이 가진 고유의 가치가 있다고 생각한다. 다른 선물과는 본질적으로 다른 무엇이 있다. 그것은 '살아 있는 생명체'라는 점이다.

동물이든 식물이든 모두 살아 있는 생명체로 인식한다면 돈을 지불하고 유통할 수 있다는 것 자체가 굉장한 희소성이 된다. 애완동물도 살아 있는 생명체로서 귀엽고 사랑스럽고 참 좋은 선물이 되겠지만 관리비용과 유지비용이 만만치 않다. 다시 말해서 생명을 간직한 것 중에서 가장 합리적이며 의미 있는 선물이 될 만한 것은 식물이라고 확신한다.

그래서 나는 꽃선물은 아예 개념부터 다르고 차원이 다른 선물이라고 생각한다. 소모성 상품이라고 말하기 전에 '생명체'인 것을 인식하면 좋겠다. 이런 귀한 식물을 판매하고 구매할 수 있다는 것 자체가 축복이자 행운이 아닐까.

그런데 우리가 주목해야 할 점은 국민소득이나 경제수준과 꽃을 구매하는 데 소비하는 금액이 결코 비례하지 않는다는 것이다. 실제로 2018년 기준 우리나라 국민 1인당 GNP는 30,800달러 정도인데, 한화로는 3,631만 원이다. 정확하지는 않지만 대략 2018년 러시아의 GNP는 우리나라의 절반 수준인 15,000달러 정도라고 한다. 그런데 러시아의 꽃 소비 수준은 어떠한지 궁금하지 않은가. 1인당 1년 평균 꽃 소비액은 4만 원에 육박한다. 이점이 시사하는 바는 무엇일까? 단순히 잘 먹고 잘 산다고 꽃을 많이 구매하는 것은 아니라는 이야기다.

왜 러시아는 경제 수준이 우리나라보다 훨씬 못하지만 꽃 소비는 두 배 이상일까. 꽃을 보는 인식과 문화의 차이라고 생각한다. 러시아 블라디보스토크에 가보면 길거리에서 꽃을 파는 상인들이 즐비하다. 꼭 우리나라 야쿠르트 아주머니들처럼 신기하게 생긴 꽃냉장고 같은 것을 수레처럼 끌고 다닌다. 꽃냉장고 상부에는 뚜껑이 있어서 장사를 마치면 닫을 수 있다. 공급이 많아서 수요가 많은지, 수요가 많아서 공급이 많은지는 모르겠지만 그렇게 꽃을 파는 상인과 꽃을 사는 사람의 얼굴에는 흐뭇한 미소가 가득하다. 더 신기한 것은 꽃을 구매하는 빈도수와 행복지수는 비례한다는 것이다.

행복해지고 싶다면 꽃을 구매하는 것이 좋은 방법이 될 것이다.

꽃은 삶의 쉼표다

꽃은 자연이 주는 최고의 선물이다. 봄이 되면 전국 방방곡곡에서 각종 꽃 축제를 즐기는 이유도 꽃의 아름다움을 만끽할 수 있기 때문이다. 우리가 알건 모르건 자연의 이치에 따라 세상은 돌아간다. 아이가 어머니 뱃속에 잉태되고 출산이 되고 나서 유아기 청년기를 지나 결혼을 하고 장년이 되고 죽음에 이르기까지 모든 생물은 비슷한 패턴으로 산다. 그래서 우리는 '인생을 꽃 피우다'라는 표현을 자주 쓴다. 가장 아름다운 생명 활동의 전성기를 비유할 때 쓰곤 한다.

사실 꽃은 식물의 생식기관으로 중요한 역할을 한다. 식물은 벌과 나비를 유혹해야 번식을 할 수 있다. 앞에서도 꽃이 아름다운 이유에 대해 균형미를 이야기했지만, 사실 존재만으로도 상징하는 바가 크다.

한 연구 결과에 따르면 꽃을 가까이하는 국민들일수록 행복지수가 높다고 한다. 꽃을 좋아하는 사람들은 자연을 좋아하고 소중히 여길 줄 알며 인간을 비롯한 생명체에 대한 사랑이 많다고 생각한다. 그래서 꽃을 사랑하는 사람 치고 악인이 별로 없는 것이다. 그리고 내가 살면서 본 주변의 성공한 기업인, 자산가, 사회적으로 인정받는 사람들은 공통적으로 자연과 인간을 소중히 여긴다.

그렇다면 이렇게 좋은 꽃을 생활 속에서 더 자주 즐기려면 어떻게 해야 할까? 농협 안성 교육원의 박경임 원장은 "저렴하고 심플한 상품을 제작하고, 관상 기간을 늘려야 한다. 꽃바구니처럼 과도한 장식은 소비자에게 가격 부담을 준다"고 말했다. 나도 이에 공감하는 것이 꽃을 주려고 꽃선물을 하지만 때로는 포장과 장식이 과하다고 느낄 때가 있다. 주객이 전도된 것이다.

보통 영화 한 편을 보는 데 약 1만 원 정도 지출한다. 책 한 권을 사도 1만 원이 훌쩍 넘는다. 좋은 영화와 책은 인간에게 영감과 감동을 주기 때문에 정기적인 문화생활과 독서는 참 중요하다. 책만 많이 읽는 것에 대해 한 유명 CEO는 머리만 무거워지면 나중에 소화불량이 된다고 말했다. 머리로 입력된 것이 가슴으로 내려오고 삶 속으로 향기롭게 스며들어야 하는데 그러지 못하고 계속 입력만 하는 것을 주의하라는 이야기다. 그러면서 덧붙여 말하기를 "책 중에 제일 좋은 책은 산책"이라고 말했다. 그때 나는 무릎을 탁 쳤다.

우리는 그렇게 나만의 생각을 정리하고 영혼이 숨 쉴 수 있는 사색과 명상의 시간이 필요하다. 이때 자연을 벗 삼아 산책도 하고 꽃과 나무와 소통하다 보면 그 안에서 여러 가지 해결책을 찾을 수 있다. 추운 겨울을 이겨내고 가장 먼저 꽃을 피운 매화가 알려주듯 혼자만의 겨울을 겪어야 진정한 봄을 만끽할 수 있다.

간소한 포장이 꽃을 더 돋보이게 한다

나는 꽃집 창업을 하기 전에 포털사이트를 통해 '당신은 언제 꽃 선물을 하나요? 그리고 이유는 무엇인가요?'라는 주제로 리서치를 했다. 어느 정도 예상했지만 생각보다 사람들은 남의 시선을 많이 의식하고 있었다. 받는 사람 역시 마찬가지다. 어설픈 선물을 받으니 차라리 안 받는 것이 낫다고 할 정도로 선물하는 사람 못지않게 받는 사람 또한 의식한다.

예를 들면 이런 경우다. 장례식장에 가보면 빈소에 늘어선 근조 화환들을 적지 않게 보았을 것이다. 그런데 그 화환 숫자가 많아지면 어쩔 수 없이 화환은 돌려보내고 리본만 거두어서 보이는 곳에 진열하는 경우가 있다. 보내는 사람의 성의를 봐서 그렇게 해놓는 것이 최선이라고 볼 수 있지만 화환을 제작하며 굵은 땀방울을 흘린 기사들을 생각하면 야속하기 그지없다. 이처럼 꽃 자체의 아름다움과 가치보다는 선물을 주고받는 의미 부여에만 급급해하는 사람들을 보면 마음이 그리 좋지만은 않다. 연말에 하는 연기대상이나 각종 시상식을 보아도 꽃다발이 넘쳐난다. 하지만 그 후에 그걸 챙기고 관리하는 사람은 얼마나 될까.

나는 플로리스트이지만 꽃 포장을 엄청나게 예쁘게 하지는 못한다. 플로리스트로서 치명적일지 모르지만, 실제로 내가 배웠던 독일 플로리스트 과정에는 포장 수업이 따로 없었다. 그들은 꽃 자체를 보고 즐기기를 좋아한다. 그래서 포장 없이 사는 사람들이 많고 야생화를 꺾어다가 식탁 위에 장식하기도 한다. 그때 나는 알았다. 사람들이 꽃 자체보다는 꽃선물이 주는 가치를 추구하는 경우가 많다는 것을.

독일 플로리스트 과정 중에는 그냥 들판과 야산에 핀 꽃을 가지고 즉석에서 꽃다발을 만들기도 했다. 또한 구조물을 만들어서 꽃장식을 하면 굳이 포장이 필요 없었다. 그리고 독일의 꽃장식은 조금 무게감이 있으면서 내추럴한 것을 추구했다. 그렇게 자연 그대로 두었을 때 더 멋지고 세련돼 보였다. 오히려 포장을 하면 작품이나 상품의 가치가 떨어져 보이기도 했다.

독일 플로리스트 과정을 마친 후 꽃집 창업반 수업을 따로 들었다. 이때 포장 수업 과정이 있었는데, 몇 번을 연습해도 예쁘게 만들어지지 않자 나는 강사님께 이런 말을 했다. "리본을 구매하거나 리본만 잘 만드는 플로리스트를 고용하면 안 되나요?" 사실 장사보다 사업을 하고 싶었던 마음이 더 컸나 보다. 리본을 만들 시간에 시스템을 만들고 경영을 배우고 싶은 마음이 앞섰던 것이다. 노력해서 잘되는 일이 있고 그렇지 않은 일이 있다. 이왕이면 내가 잘하면서도 좋아하는 일을 하면 어떨까. 바로 거기에 집중한다면 더 큰 성과를 낼 수 있을 것 같다.

포장지의 종류도 많고, 포장법도 다양하다. 네이버나 유튜브에서 검색해도 포장법을 가르쳐주는 동영상이 많다. 참고할 만한 정보가 많으니 스스로 익히는 데 도움이 될 것이다. 포장은 연습 말고는 방법이 없다. 손이 아프고 쥐가 나도 연습을 거듭하면 포장 상태는 결국 좋아진다.

포장지는 한지, 왁스지, 크라프트지, 투명비닐, 반투명비닐 등 다양하다. 과천에 있는 남서울 화훼자재센터, 양재동의 양재 꽃시장 내 절화시장 2층, 서울고속버스터미널 3층 자재상가로 가면 수많은 포장 재료와 장식 소품을 접할 수 있다.

식물이 나를 치유했다

《나는 정말 너를 사랑하는 걸까?》라는 책이 있다. 정신분석학자 김혜남 박사가 쓴 책이다. 20년간의 정신분석을 토대로 과거의 상처가 현재에 어떻게 작용하는지를 다양한 사례와 영화, 책을 통해 흥미롭게 풀어낸 내용이다. 이 책을 처음 접했을 때가 벌써 10여 년 전이었다. 그 당시 나는 어릴 적 겪은 이성에 대한 트라우마로 거의 10년간 솔로로 지내고 있었다. 계속 이렇게 살 수는 없다고 생각한 나는 정신병원에 찾아가 보기도 하고 전문상담도 여러 차례 받았다.

20대 초반까지만 해도 연애에 대해 자신감이 넘쳤었는데 몇 번의 트라우마가 생기고 나서는 남자로서의 자신감과 자존감이 완전히 무너져 있었다. 그때는 상담료가 너무 비싸서 그냥 집으로 돌아오기도 했다. 그래서 EBS 라디오 프로그램에서 진행하는 고민 상담소로 사연을 보냈고 1시간 동안 생방송으로 나의 상처를 전국 방방곡곡에 알리는 해프닝을 겪기도 했다. 가명을 썼으니 알아보는 사람은 없었다. 이때 많이 치유되었다. 용기를 내서 상처를 드러내면 더 이상 상처가 아닐 수 있다.

우연히 KBS에서 방영하는 〈30분 다큐〉라는 프로그램과 인연이 되어 패널로서 잠시 방송 출연을 한 적도 있다. 강남역 주변의 연애학원이었는데, 컨설팅도 해주고 실전 코칭도 해주는 흥미로운 곳이었다. 아직도 기억나는 연애 비법이 있다면 '나.무.사가 되라'는 것이었다. 풀이해보면 나르시시즘, 무시, 사기꾼이었다. 조금 부정적인 뉘앙스기도 하지만 핵심은 자신을 온전히 미치도록 사랑하고 선의의 거짓말로 유혹하고, 상대방을 적당히 무시하며 도도해지라는 뜻이었다.

그때는 별 뚱딴지같은 소리냐며 웃어넘기기도 했지만 뒤돌아보면 얼추 맞는 부분도 있다는 생각이 든다. 핵심은 자기애, 자존감, 당당함이다. 그런데 이것도 훈련과 연습이 필요하다. 사람은 사회적 동물이고 감정과 기억이 있기 때문에 이성으로 인해 생긴 상처는 그때의 기억으로 돌아가 무의식 속에서 말끔히 청산되어야 같은 실수를 반복하지 않는다. 나아가 인간의 무의식에는 부모님을 비롯한 과거 조상의 기억정보도 저장되어 있기 때문에 내가 의식하지 못하는 사이에 이성을 밀어내거나 미워하는 말과 행동을 할 때도 참 많다.

나는 무의식적인 내면의 상처는 사랑을 통해 치유되고 회복될 수 있다고 믿는다. 과거의 나는 상처 때문에 여성을 이유 없이 미워하기도 했다. 하지만 마음씨 넓고 따뜻한 여성을 만나 많은 부분이 치유되기도 했다. 그리고 내가 가장 많이 치유된 시간은 꽃과 함께한 시간이다.

실제로 나는 독일 플로리스트 자격증을 공부하기 위해 부득이하게 학원을 등록했는데 20여 명의 여자들 중 남자는 나까지 두 명이었다. 다른 남자 수강생은 여성들과 스스럼없이 잘 어울리는 스타일이었다. 그래서 혼자인 것 같아 왠지 무섭기까지 했다. 아버지의 반강제적 권유로 어쩔 수 없이 플로리스트 학원을 다니게 되었지만 아직 여자에 대한 부정적 감정이 치유되기 전이었다. 그래서 조별 작업을 하라고 하면 자꾸 피하고 싶었고 학원에도 나가기 싫은 마음까지 들었다.

하지만 또 피할 수 없으면 즐기라는 말이 있는 것처럼 오히려 트라우마가 있건 없건 그냥 주어진 현실을 정면돌파해야겠다고 마음먹으니 마음이 편해졌다. 그렇게 자의반 타의반으로 시작된 플로리스트 수업이었지만 이렇게 저렇게 두려움과 싸우다 보니 시간은 지나갔고 결국 모두 추억이 되었다.

멈추면 비로소 보이는 것들이라고 했던가? 나는 '멈추면 비로소 보이는 꽃들'이라고 말하고 다닌다. 실제로 '꽃'이라는 자연은 바쁜 현대인들의 눈에 잘 들어오지 않는다. 마음의 여유뿐 아니라 시간적 자유로움이 있을 때 비로소 자연이 눈에 들어온다. 경쟁사회를 살면서 끊임없이 남과 비교하고 목표를 향해 치열하게 달리더라도 잠시 내가 처한 환경에서 벗어나 나를 바라볼 수 있는 시간이 꼭 필요하다. 나는 이때를 위해 여행이나 산책 등을 권한다. 명상이나 호흡도 좋다.

나처럼 이성에 대한 트라우마가 있거나 우울증, 불안증이 있는 사람들에게는 화초 키우기를 강력히 권한다. 조금 번거롭거나 귀찮을 수 있지만 병원에서 상담받는 것 못지않게 적은 비용으로도 큰 효과를 볼 수 있는 게 원예치료다.

또한 나는 사업을 하면서 저명하고 성공한 분들을 꽤 많이 만났다. 그리고 그들에게서 공통점을 발견했다. 식물을 좋아한다는 것이었다. 거의 예외 없이 일치된 결과이다. 그들은 자연을 경외하고 사랑하며 보존하려는 의지가 강했다. 그리고 풀 한 포기, 나무 한 그루의 생명도 아끼고 돌보는 경향이 있었다.

모든 식물에게는 사람처럼 눈이 있고, 귀가 있고, 심장이 있다고 생각한다. 그것을 우리 인간이 감지하지 못할 뿐이다. 실제로 꽃꽂이를 할 때도 꽃의 가장 예쁜 얼굴을 찾는 것이 중요하다. 이렇게 식물을 살아 있는 인격체로 보고 대하면, 상상 이상의 마법을 선물해준다. 현재 나의 작업 테이블 위에는 '하바리움'이라는 10년 이상 볼 수 있는 보존화와 풍요를 상징하는 삼색꽃이 놓여 있다. 또한 책상에는 스킨답서스, 화장실에는 개운죽, 사무실에는 각종 식물과 선인장, 다육 식물들이 있다. 모두 나를 위한 식물들이다.

애완동물도 마찬가지로 치유효과가 크다. 내가 키우는 강아지는 포메라니안 종으로 이름은 화륜이다. 부르면 귀 쫑긋! 눈 초롱! 하며 나를 향해 달려온다. 그렇게 나는 동물과 식물에게 애정을 갖고 교감하고 소통하게 되었다. 그러면서 성향에도 많은 변화가 생겼다. 원래 조금 딱딱하고 직선적인 성격이었는데, 이렇게 애완동물을 기르고 화초를 가까이하면서 성서적으로 안정되어갔다. 성격노 낳이 부드러워졌다. 동물을 키우기가 어렵다면 지금 당장 가성비 최고의 애완식물을 책상 위에 두길 바란다. 놀라운 치유가 일어난다.

식물경영일지의 힘

거리를 걷다가도 신기한 꽃이 있으면 어김없이 사진기를 들이댄다. 꽃의 정면과 옆면 등 한두 컷을 찍고 네이버 또는 모야모 앱을 사용해 검색하면 금세 이름을 알 수 있다. 정확도도 상당히 높다. 틈틈이 알아가는 식물들도 있지만, 이미 조경기사 시험을 준비하는 동안 외웠던 수목들과 플로리스트 자격증 과정을 이수하면서 외웠던 꽃식물들, 그리고 상식으로 공부한 식물들을 합하면 적어도 수백 가지 이상은 알 것이다. 어쩌면 수천 개 이상일지도 모르겠다. 그래도 아직 모르는 것이 훨씬 많다. 한국을 넘어 전 세계적으로 분포하는 식물은 30만 종이 넘는다고 한다.

매일 한 가지 식물을 공부한다 해도 평생 2~3만 개 정도까지만 알 것이다. 식물은 아주 다양하다. 그런 다양성이 식물의 매력이기도 하다. 지금도 새로운 번식 과정을 통해 새 종이 탄생된다. 일상에서도 처음 보는 꽃과 열매를 만나기도 한다.

자연과 잘 소통하는 법을 익히는 것은 내가 다른 생명체들과 잘 소통하고 좋은 관계를 맺는 것과도 연관된다. 실제로 산책을 즐기고 화초를 키우는 사람들을 보면 타인과의 소통도 더 잘하는 경우를 자주 보아왔다. 그래서 '식물경영일지'를 쓰는 것을 추천한다. 나는 이미 꽃일을 시작하면서 수년간 매일 식물경영일지를 적어본 경험이 있다. 한 가지 식물을 대상으로 매일 변화하는 모습을 적기도 하고, 여러 가지 꽃과 식물을 주제로 매일 공부하며 메모를 남기기도 했다.

주로 블로그를 이용했는데, 사진과 몇 줄의 글을 기록해놓으면 스스로도 뿌듯하고 나중에 자료를 찾기도 쉽다. 그리고 식물경영일지에는 식물에 관한 기록만 적어도 좋지만 하루 일과 중에 감사했던 일, 독서했던 내용, 운동 그리고 목표에 대해서도 적어놓으면 더 알찬 효과를 볼 수 있다. 나는 '독운청감성꿈'이라는 6가지 테마를 매일 실천하고 체크하는 습관을 들이기도 했다. 독서, 운동, 청소, 감사, 성찰, 꿈을 말하는 것으로 오늘 내가 독서하고 운동하고 청소했던 내용들을 간략히 한 줄 이상 기록하는 것이다. 설령 오늘 한 페이지도 독서를 못 했다면 있는 그대로 기록하면 된다. 하고 못 한 것도 중요하지만 그것을 매일 기록한다는 행위 자체가 처음 설정한 목표를 잊지 않게 만들고 꾸준히 실천하게 해준다.

그래서 하루 일과가 끝날 때 즈음 단 1분이라도 식물경영일지를 작성해보기를 추천한다.

공부한 만큼 고객을 설득할 수 있다

꽃주문을 받다 보면 고객이 꽃에 대해 제대로 알고 주문하는 경우는 상당히 드물다. "개업화분에 좋은 거 추천해주세요." "아는 대표님이 사업이 잘돼서 확장 이전을 했는데 어떤 서양란을 보내면 좋을까요?" 이런 문의를 많이 받는다.

이때 우리 예비 꽃집 사장님들의 초기 응대에 따라 상품의 구매, 연기, 주문 취소가 결정된다. 그럼 어떻게 말해야 주문으로 이어지는 답변이 될까? 이를 위해 우리는 꽃 판매의 전문가인 '플라워 컨설턴트'가 되어야 한다.

플라워 컨설턴트는 말 그대로 어떤 꽃을 주문할지 망설이는 고객에게 최대한 친절하고 정확히 니즈에 맞는 상품을 추천하는 것이다. 그러기 위해서는 꽃과 식물에 대해 애정을 가지고 꾸준히 공부해야 한다. 그 공부의 목적은 주문자의 목적과 용도를 명확히 파악하기 위함이다.

예를 들어, 상처받은 나를 위해 치유의 꽃선물을 한다면 작고 아담한 사이즈로서 책상 위에 올려두면 좋다. 가까운 곳에서 물도 자주 주면서 애정을 쏟을 수 있고 키우기도 쉽다. 개업이나 이사 등 축하가 목적이라면 10만 원 정도의 해피트리, 스투키, 드라코, 아레카야자, 고무나무 등을 선물하면 좋다.

이때 받으시는 분의 연령대, 성별, 직업, 취미 등을 대략적으로 파악하면 디자인과 크기를 결정하는 데 수월하다. 또한 선물을 받으시는 분이 식물 초보자인지, 경험이 있는지, 빛은 잘 드는지, 환기나 통풍 상태는 어떤지를 파악하는 섬세함을 보인다면 고객은 더욱 신뢰감을 갖게 될 것이다. 그리고 상담을 하다가 잘 모르는 영역은 솔직히 말하고 정중히 사과하자. 다시 알아보고 연락을 드리겠다는 태도도 중요하다. 사업을 길게 할 것이라면 애초에 서비스와 태도에 대한 매뉴얼을 갖추고 조금씩 수정보완하면 좋다.

다시 식물 이야기로 돌아가서 개업 선물로 좋은 해피트리나 녹보수의 경우 외형은 많이 비슷하다. 하지만 실제로는 잎의 가장자리 모양과 수피의 질감을 통해서 구분할 수 있는데 초보자는 이런 미묘한 차이에서 헷갈렸다가 상품을 잘못 보낼 수도 있다. 그래서 꾸준히 식물에 대해 공부하고 꽃 관련 잡지를 한두 권 이상 정기구독하기를 추천한다. 전시회나 수목원을 관람하는 방법도 좋다.

매월 14일,
day-day를 잡아라!

꽃이 우리를 웃게 한다

1년이면 좋아하는 여성 또는 남성의 마음을 살 수 있는 비법이 있다. 그것은 한 달에 한번씩 1년 동안 12번 정해진 날짜에 꽃선물을 하는 것이다. 그날은 바로 매월 14일이다. 이날은 달마다 있고 기념일처럼 챙기는 날이기도 하다. 그래서 받는 사람은 더 기쁜 마음이 들 것이다.

KBS에서 방영한 〈꽃의 비밀〉에서 한 가지 재미난 실험을 보여주었다. 꽃, 곰인형, 아기 사진을 준비해놓고 각 사진을 보여준다. 그러는 동안 실험에 참여한 사람의 얼굴근육의 미세한 변화를 감지했더니 놀라운 결과가 발생했다. 나는 아기 사진을 보았을 때 가장 행복한 미소를 보일 것이라고 생각했다. 하지만 수백 명의 사람들이 실험에 참여한 결과 꽃 사진을 보았을 때 가장 자연스럽고 순순한 미소를 보였다. 이 미소를 발견한 학자의 이름이 뒤센이라서 뒤센 미소라는 이름까지 붙었다.

이처럼 꽃을 선물하는 행위는 곧 웃음을 선물하는 것과 같다. 남녀노소를 불문하고 꽃을 싫어하는 사람은 좀처럼 없다. 나는 이것을 자연으로의 귀소본능이라고 말하고 싶다. 우리 인간도 식물과 더불어 자연의 일부다. 식물과 상생하며 잘 살아갈 때 행복은 물론 건강한 삶을 살게 되는 것이다.

여자는 백만 송이 장미보다 백만 번의 장미를 원한다

지인 중에 미모의 여성 작가가 있다. 그분에게는 멋진 남자친구가 있는데 그들의 이야기가 재미있다. 어느 날 꽃선물을 받고 싶었던 여성 작가는 남자친구에게 "앞으로 매달 14일에 꽃을 선물해주면 좋겠어"라고 당당히 요구했다고 한다. 보통의 남자라면 거절했을 법한데 남자는 매달 14일이 되면 새로운 꽃을 선물했다고 한다. 물론 그녀는 기뻐했고 둘은 행복하게 잘 지낸다고 한다.

이렇게 꼭 비싼 선물이 아니더라도 한 달에 한 번 그녀를 위해 꽃을 사러 가는 남자의 모습이 사랑스럽고 멋지게 느껴졌을 것이다. 이 이야기를 듣다가 로맨틱한 소설의 한 구절도 알게 되었다. 여주인공이 이렇게 말했다고 한다. "어떤 꽃을 좋아한다기보다 꽃을 사러 가는 그 사람의 마음을 사랑하는 겁니다." 이때 남자 주인공의 대사가 조금 오글거리지만 압권이다. "그럼 백만 송이 장미보다 백만 번의 장미를 선물해야겠군요."

가끔 큰 선물로 연인에게 벅찬 감동을 선사할 수 있지만, 일상에서 소소하게 마음을 쓴다면 그 여운은 길게 갈 것이다. 다음 달의 14일을 체크하고 누구에게 어떤 꽃선물을 하면 좋을지 준비해보자. 그것만으로 스스로 설레는 감정을 느낄 것이다. 그리고 상상해보자. 그녀 또는 그의 책상 위의 꽃, 그 사람의 일상에 향기를 더하는 꽃의 모습을.

매월 14일을 정리해보았다. 나는 이날을 12번의 미러클데이라고 말하고 싶다. 특별한 날, 특별한 꽃으로 세상에서 가장 소중한 사람을 행복하게 해줄 수 있다.

매월 14일	내용
1월 14일 다이어리데이	연인끼리 서로 일기장을 선물하는 날.
	네모난 상자에 꽃과 함께 일기장을 넣어 선물하고 매달 한 번씩 서로 바꾸어 본다면 꽤 로맨틱하고 흥미진진하지 않을까.
2월 14일 밸런타인데이	여성이 남성에게 초콜릿을 주며 고백하는 날.
	예쁜 선물상자에 꽃과 함께 초콜릿, 정성이 담긴 편지를 넣어 포장한다.

3월 14일 **화이트데이**	남성이 여성에게 좋아하는 마음을 고백하기 위해 사탕을 선물하는 날.
	요즘은 사탕이나 초콜릿을 가리지 않고 선물한다. 바구니 사이사이에 꽃과 함께 사탕을 꽂아 선물한다면 그녀의 눈이 하트를 그릴 것이다.
3월 14일 **파이데이**	프랑스 수학자 자르트가 원주율값 3.14를 고안한 것을 기리는 날.
	초코파이나 빅파이 같은 제과와 꽃을 함께 선물하는 방법도 있다.
4월 14일 **블랙데이**	고백 받지 못한 솔로들이 짜장면을 먹으며 위로하는 날.
	검은색 꽃은 거의 유통되지 않으므로, 검정색 열매가 달린 식물을 선물하는 방법도 있다.
5월 14일 **로즈데이**	연인끼리 장미꽃을 선물하는 날.
	장미꽃다발이 주로 판매되며 한 송이 포장도 잘 팔린다. 천연 장미오일이나 목욕제를 선물해도 좋을 것이다.
6월 14일 **키스데이**	연인끼리 입맞춤하는 날.
	입맞춤하고 나서 몰래 준비한 꽃을 선물한다면…….
7월 14일 **실버데이**	연인끼리 은반지를 선물하는 날.
	반지와 함께 고급스러운 꽃을 함께 선물한다면…….
8월 14일 **그린데이**	연인끼리 삼림욕을 하며 무더위를 달래는 날.
	이날은 연인끼리 가까운 수목원이나 식물원을 함께 방문하는 것도 좋겠다.
9월 14일 **포토데이**	연인끼리 함께 기념사진을 찍는 날.
	둘이서 꽃받침 포즈를 하고 사진을 찍어보면 어떨까.
10월 14일 **와인데이**	연인끼리 함께 와인을 마시는 날.
	레스토랑을 예약하고 미리 서프라이즈 꽃선물을 준비해 웨이터에게 부탁하자. 음식과 함께 서빙해달라고 하면 된다.

11월 14일 무비데이	연인끼리 함께 영화 보는 날
	영화관 앞에 조금 먼저 도착하여 예쁜 장미꽃다발을 건네면 어떨까. 영화를 보는 동안에도 애정이 샘솟을 것이다.
12월 14일 허그데이	연인끼리 서로 안아주는 날.
	스킨십은 좋은 사랑의 표현 방법이다. 서로의 마음을 위로하고 따뜻하게 안아주자.

　이렇게 매달 찾아오는 14일의 찬스를 잘 활용하여 진실한 마음을 전달하는 것만으로도 매월 특별한 추억을 쌓을 수 있다. 손님에게 주문이 몰릴 수 있으니 최소 2주 전에 예약을 하도록 유도하면 좋다. 대부분의 화원은 예약주문 시 할인을 해주는 것도 참고하자.

　선착순 주문도 자주 있는 이벤트다. 수량 한정을 공지하면 상품의 가치가 올라가 더 서둘러 구매하는 현상도 생긴다. 단, 안 사면 손해라는 느낌이 들 정도로 상품 구성을 잘해야 한다.

꽃집에서 직원으로 일하던 시절 중 7개월 정도는 웨딩 관련된 곳에서 일했다. 호텔 웨딩 꽃장식에는 생각보다 많은 인원이 투입된다. 단순하게 꽃만 장식하는 것이 아니라 여러 가지 기물들이 많기 때문이다. 나의 경우에는 무대세팅을 맡은 조여서 거의 매번 고생했다. 초 장식을 할 때는 가장 긴 사다리로도 모자랄 높은 위치에 초를 올려놓기도 했다. 내가 무슨 서커스 단원이라도 된 것만 같았다.

결혼식 한 번에 크고 작은 초들이 수백 개씩 켜지고 꺼졌다. 그 초를 담았던 유리병 설거지도 매주 했는데, 촛농이 뭉쳐 있으면 한 번에 잘 떨어졌지만 여기저기 길게 녹아내려 붙은 촛농은 떼어내기가 쉽지 않았다.

예전에 지인들의 결혼식장에 가서 열심히 축하해주고 밥만 먹고 갔을 때는 몰랐던 사실들이었다. 막상 누군가를 위한 결혼식을 준비하다 보니 화려하고 아름다운 결혼식 뒤에 참 많은 사람의 노고와 땀이 있었음을 실감했다.

우리는 왜 이토록 결혼식이나 생일, 승진, 장례 등에 꽃을 등장시킬까? 그것은 꽃이 가진 기능 중 가장 핵심적인 두 가지, 바로 축하와 위로 때문이다. 아이가 탄생하면 고생한 산모에게 '축하 꽃과일 바구니'를 보내기도 한다. 우리 이대강 플라워에서도 산모를 위한 꽃바구니를 종종 판매했는데, 산모용은 다른 꽃바구니와 다르게 주의할 점이 있다. 민감한 산모에게 해가 없도록 향이 독하지 않아야 하고 알레르기를 일으킬 꽃은 최대한 배제해야 한다. 그만큼 꽃 선정이 중요하다. 또한 꽃선물은 여성과 매우 밀접하다. 여자친구와 싸운 후 달래고 싶을 때, 여자친구에게 프러포즈를 할 때도 꽃이 필요하다. 이 외에도 꽃은 인간의 생로병사, 희로애락을 함께하며 늘 인간 곁에서 오랜 친구로서 시간을 보냈다.

장례식장에서 자주 보는 흰색 국화로 제작한 3단 화환은 돌아가신 분을 기리고 유가족의 슬픈 마음을 위로한다. 그런데 장례식 때 꽃을 두는 문화는 구석기시대 이전 인류가 탄생한 이래로 전해 내려온 풍습이라고 한다. 실제로 서양에서는 인간이 죽고 다시 태어나 환생하면 꽃으로 피어난다고 믿었다. 그래서 사람의 무덤 장식에 크고 향기 나는 꽃을 같이 묻어주었다고 한다. 향기가 많이 나는 꽃 중에는 유독 흰색 꽃이 많고 같은 이유로 흰색 국화가 쓰인다는 말도 있다. 참고로 흰색 국화의 꽃말은 '성실, 진실, 진심으로 당신을 사랑합니다'이다.

꽃으로 장식된 인류 최초의 무덤

독일에 플로리스트 과정을 공부하러 갔을 때, 나의 꽃 스승님인 방식 회장님과 독일의 무덤 꽃장식 박람회에 참가했다. 장례식 꽃이 우리나라처럼 흰색 국화만 있는 게 아니라 형형색색의 밝고 아름다운 꽃들도 있었다. 나는 회장님께 여쭈었다. "장례식에 이렇게 화려한 꽃들을 써도 되나요?" 대답은 간단했다. 독일 사람들은 단순히 죽음을 슬퍼하고 애도하는 데서 그치지 않고 새로운 출발 또는 탄생으로 여기기 때문에 애도와 더불어 축복하는 의미가 크다고 했다. 나의 고정관념이 깨지는 이야기였다. 죽음을 끝이 아닌 새로운 출발의 의미로 정의하는 독일의 장례문화가 의아했지만 참 현실적이고 현명한 처사라는 생각이 들었다.

《영화로 배우는 원예치료 길잡이》라는 책에서는 화환花環을 이렇게 설명한다. "화환은 해와 달이 돌고 돌아 밤과 낮이 되풀이되듯 죽은 사람의 영혼도 해와 달처럼 윤회하길 바라는 마음의 표현이다." 화환이라는 단어 자체가 둥근 고리 모양을 뜻하고 삶과 죽음은 밤과 낮처럼 같은 선상에서 돌고 돈다는 의미로 해석한 것이다. 이런 화환이 우리나라 장례식에 도입된 때는 1990년대 중후반부터라고 한다.

먹고사는 것이 어느 정도 해결되고 나서부터 장례식장이 늘어났고 화환의 수요도 함께 늘어난 것이다. 절화시장에 활기가 생겼고 화훼산업 발전의 원동력이 되기도 했다. 또한 화환을 제작하는 전문 기사도 늘어나면서 일자리 창출에도 크게 기여하였다. 지금도 우리나라 꽃 소비의 70~80%는 경조사 화환에서 일어난다.

바로 이 화환의 소비가 전 세계적으로 두 가지 모습으로 나타난다. 하나는 국가별, 지역별 종교나 관습과 관련된 샤머니즘 소비이고, 다른 하나는 부유한 선진국에서 볼 수 있는 선물용 소비다. 우리나라의 화환 소비는 이 둘의 중간 정도 된다고 생각한다. 특히나 축하 화환의 경우에는 선물을 하는 사람과 받는 사람과의 관계를 남에게 보여주는 역할도 중요하다. 중요한 행사나 기념일은 비즈니스를 하는 사람에게 있어 또 다른 파급효과를 주기 때문이다. 또한 이런 보여주기식 문화가 서로의 관계를 돈독하게 하는 순기능도 부정할 수 없다.

고전문헌학자 배철현은 "신석기혁명을 이끈 기원전 1만 2,500년에 시작한 나투프 문화를 보면 꽃장식의 기원을 잘 알 수 있다"고 말했다. 나투프인들은 시신을 매장하기 전에 푸른 식물과 향기 나는 꽃을 정성스럽게 펼쳐놓았는데, 이들이 이렇게 무덤에 꽃장식을 한 이유는 꽃이 인간 내면의 무의식을 자극해 긍정적인 감정을 전달할 것이라고 믿었기 때문이다. 또한 그들은 사후세계에 대한 믿음과 동경으로 서로의 유대를 강화하며 안정적인 공동체를 만들었다고 한다.

2010년 12월, 나는 경조사 화환 제작과 배송을 전문으로 하는 꽃집에서 일을 시작했다. 화물차에 화환을 가득 싣고 하루에 수십 개의 화환을 결혼식장과 장례식장에 배달했다. 시간을 벌기 위해 양쪽 어깨에 화환을 두 개씩 짊어지고 운반했는데 그때마다 '화환에 바퀴를 달면 어떨까'라는 생각을 했다. 반복적으로 화환을 운반하다 보면 어깨가 아프기도 하고 시간이 지날수록 속도가 느려지기 일쑤였다. 화물차에서 화환이 세워질 식장까지의 거리는 보통 100미터 이상이었다. 이걸 하루 15번 정도 반복했던 날도 있다. 추운 겨울에는 더욱 고통스럽다.

지금은 내가 직접 배송하지 않지만 길을 가다가도 화환을 운반하는 차량이나 기사님들을 보면 그때 생각이 난다. 그래서 언젠가 나에게 약간의 자본과 시간이 주어진다면 꼭 만들고 싶은 것이 바퀴 달린 화환이다. 내가 아니더라도 누군가 참고해서 만들어주면 좋겠다. 뼈대는 재활용할 수 있도록 알루미늄이나 스테인리스 재질을 이용하고 접었다 폈다 할 수 있게 접이식으로 하면 좋겠다. 두 번, 세 번까지 접어서 부피를 최소화할 수 있다면 보관도 용이할 것이다.

현재 한국의 스탠드 형태 3단 화환은 거의 우리나라에서만 볼 수 있는 문화라고 한다. 그렇게 위풍당당하게 병풍처럼 나란히 서 있는 화환들을 보면 '많은 사람들이 축하할 일이 있구나'라는 감정과 함께 웅장함을 느끼게 된다.

요즘 시중에 유통되는 화환 중에 눈여겨본 것은 '포트식 화환'이다. 수소문 끝에 이 화환을 제작한 사장님과 통화도 해보았는데 이미 특허등록을 마치고 벤처기업으로 인증까지 받았다고 한다. 이 화환도 예전부터 내가 너무나 만들고 싶었던 디자인이라 처음 본 순간 깜짝 놀랐다. 마치 캐스케이드 폭포처럼 한쪽 면에 총 25개의 식물 포트가 들어가는데, 이 화환의 최대 장점은 행사를 마친 하객들이 이걸 뽑아갈 수 있다는 점이다. 결혼식 행사가 끝나고 나서도 함께 나눈 식물은 그때의 추억을 공유하게 해주고 각자 집에서 소소하게 키울 수 있는 아이템이 된다.

현재 일본 아오야마 플라워마켓에서 유행하고 있는 '키친부케' 형태의 '미니꽃다발'도 화환에 포트식으로 설치하면 참 예쁘고 실용적이겠다는 생각을 해본다. 이처럼 우리의 일상에서 결혼식이나 장례식, 개업식, 생일 등은 꽤 자주 있는 이벤트이다. 기념일 앱을 활용하여 알람 설정을 해놓으면 고객의 특별한 날을 챙겨줄 수 있다.

4장

사람이 몰리는
꽃집 창업의 비밀 2
- 21일만 따라 하면 누구나 성공한다

FLOWER SHOP

FLOWER SHOP

내가 꽃집을 해도 될까?

돈이 잘 벌리는 것을 하라

사람들이 창업을 시작하면서 가장 많이 묻는 질문이 있다. "잘하는 것을 하나요? 좋아하는 것을 하나요?" 이 질문에 정답이 있을까. 배달의 민족 김봉진 대표는 '좋아하는 걸 하라'고 했고, 외식업의 대가 백종원 대표는 '잘하는 걸 하라'고 했다. 하지만 나와 가까운 지인들과 경영자들은 대부분 '돈이 되는 것을 하라'고 했다.

처음에는 돈이 되는 것을 하라는 말이 와닿지 않았다. 돈을 밝히는 속물처럼 보이는 게 싫기도 했고, 세상에는 돈보다 가치 있는 것이 많다고 생각했기 때문이다. 그런데 그 말은 '돈을 밝히라'는 의미가 아니었다. 언제 소비자가 돈을 쓰는지 정확히 알고 그들의 욕구나 필요를 만족시킬 사업을 해야 한다는 뜻이었다. 여기에 사업의 핵심 원리가 담겨 있다. 결국 사람들은 불편을 해소해주거나 욕망을 충족시켜줄 때, 다시 말하면 행복하게 해줄 때 비로소 돈을 지불한다.

그렇다면 내가 좋아하는 것을 해도 되고, 잘하는 것을 해도 된다. 그게 고객의 니즈와 맞아떨어지기만 하면 된다. 그러니까 중심은 나에게 있는 것이 아니라 고객에게 있는 것이다. 고객 중심의 사고를 하고 고객 만족과 고객 성공을 위해 고객 집착 수준으로 고객에 대한 관찰과 사랑이 뒷받침되어야 한다는 말이다.

세상에서 가장 큰 쇼핑몰 회사인 아마존의 성공 요인도 바로 고객 집착에 있다. 고객의 생각, 말, 행동을 모두 수집하고 데이터화하여 패턴을 분석하고 상품과 서비스를 준비한다. 그러다 보니 "배송이 너무 빨리 왔어요"라고 할 정도의 피드백을 듣게 된 것이다.

우리가 초등학교 교과서부터 항상 들었던 기업의 목적은 '이윤추구'다. 또한 경영학 서적에서도 '경영은 이익을 남기는 것이다'라고 말한다. 우리는 경제학적으로 접근해야 한다. 우리가 사업을 하는 행위는 취미활동이나 대학교 창업 동아리가 아니다. 생존을 걸고 야성을 가지고 돌파해야 할 과업이다.

그래서 마음을 다잡고 철저히 준비하지 않으면 오래갈 수가 없다. 즉 이윤추구가 지속적일 수 있어야 한다. 1년, 3년 하다가 그만두려고 사업을 하는 사람은 없을 것이다. 재무적인 플랜은 적어도 3년은 구체적으로 세워야 하고, 5년, 10년의 장기 플랜도 있어야 한다.

꽃집을 하는 데 있어서는 어떨까? 어떤 사람이 꽃집을 하려 할까? 꽃을 좋아하는 사람? 꽃을 잘 관리하는 사람? 꽃다발을 잘 만드는 사람?

결국 꽃이랑 관련된 콘텐츠를 통해서 고객을 만족시키고 행복하게 해줄 수 있는 능력이 있는 사람이 꽃집을 해야 한다. 그렇다면 돈은 자동적으로 들어온다. 그리고 그것을 1년, 3년, 10년간 지속적으로 할 수 있는 시스템을 만들어야 한다.

사실 나는 꽃집 창업을 결정하는 데 있어서 가장 큰 비중이 되었던 요소가 부모님이다. 가장 익숙하고 오래 보아왔기 때문이다. 부모님이 꽃집을 운영하시며 겪었던 고생들을 너무나 잘 알고 있었다. 그래서 어떻게 하면 쉽고 즐겁게 일하면서 수익을 늘릴 수 있을까가 늘 연구 대상이었다. 어떻게 하면 물주기를 빠르고 편하게 할 수 있을까? 어떻게 하면 업무시간을 최소한으로 줄이고 여가생활을 가족과 함께할 수 있을까? 이런 고민들이었다.

어쨌든 저마다 창업의 동기는 다르더라도 내가 꽃집을 했을 때 얼마큼의 수익을 창출할 수 있을지 냉정하게 하나하나 따져봐야 한다.

꽃집 창업을 준비하는 나의 성향과 자질 분석

다음은 창업을 앞둔 나의 성향과 자질을 분석할 수 있는 질문들이다. (《플로리스트 가이드북》 참고)

번호	내용	체크
1	당신은 꽃이나 식물을 보고 예쁘다고 느껴본 적이 있나요?	
2	대인관계가 좋은 편입니까?	
3	키우는 식물에게 물을 주며 말을 해보기도 하나요?	
4	남을 배려하는 마음이 넓은 편인가요?	
5	창업에 성공하기 위해서는 관련된 지식이나 상식을 다른 사람들보다 빨리 익혀야 된다고 생각합니까?	
6	평소 부지런하고 활동적인가요?	
7	처음 보는 사람들과도 편하게 대화할 수 있는 편인가요?	
8	약속을 잘 지키는 편인가요?	
9	창업하면 나를 도와줄 사람이 몇 명이나 있다고 생각하십니까?	
10	가까이 지내는 선후배나 지인이 많은 편인가요?	
11	일을 하면 쉽게 지치거나 싫증을 빨리 느끼나요?	
12	실무를 모르면 빨리 배워서 시작하면 된다고 생각하십니까?	
13	언제 배워서 익히나 하고 걱정부터 하십니까?	
14	능력 개발에 필요한 자격증을 따야겠다고 생각하십니까?	
15	영업 활동을 했던 경험이 있습니까?	
16	상대방을 즐겁게 하는 유머감각이 있는 편인가요?	
17	영업을 위해 상대방의 비위를 거스르지 않고 상담이나 판매를 할 자신이 있나요?	
18	창업에 관련된 박람회나 강좌에 참여해본 적이 있나요?	
19	뭐든 필요한 것을 스스로 찾아서 하는 편인가요?	
20	최신 트렌드에 민감한 편인가요?	

21	새로운 것을 배우는 것에 두려움보다 재미를 더 느끼는 편인가요?	
22	창업 성공을 위해 어렵고 힘든 일도 극복할 수 있다고 생각하십니까?	

자, 해당 질문에 하나씩 체크해보았는가? 대부분의 꽃집 창업 관련 책을 보면 60% 이상 긍정적인 답변이 나왔다면 희망적이라고 이야기한다. 하지만 나는 조금 다르다. 0%라 해도 얼마든지 꽃집 창업을 할 수 있다. 다만 위 질문에 긍정적인 답변을 많이 할수록 성공 확률은 올라갈 것이다.

22개의 질문 항목 중 '그렇다'고 답변한 수가 한두 개 정도라 해도, 이 책을 3번 이상 읽고 난 후라면 성공 확률이 높아질 것이다. 꽃을 좋아하면 꽃을 즐기게 되고 자연스럽게 꽃을 소개하고 판매하는 일이 설레고 뿌듯해질 것이다. 사업은 당연히 일취월장하게 된다. 이 책을 통해 나는 무엇보다 꽃을 좋아하고 즐기는 마음을 전하고 싶다.

출발이 순조롭지 못하다고 해서 절대로 포기하면 안 된다. 지금까지 꽃을 한 번도 키워보지 못했거나 관심조차 없었다 해도 이제부터 시작하면 된다. 어느새 꽃과 나무가 평생의 좋은 친구가 되어 있을 것이다.

일단 창업을 시작하기에 앞서서 살펴보면 좋은 사이트가 있다. 바로 워크넷의 창업적성검사다. 나도 창업 시작 전에 한 교육기관에서 해본 적이 있다. 다행히 좋게 나왔던 것으로 기억한다. 초등학교 때 했던 적성검사와는 정반대의 결과가 나왔다. 그리고 나에게 힘이 되었던 한마디는 서울 서초 고용센터에서 한 상담원이 한 말이었다. 나는 창업 전 국비지원을 받아서 약 2달간 꽃집창업반 과정을 이수했었다.

그때 고용센터에서 약간의 테스트를 했는데 진취성이 좋고 적극적이어서 뭘 해도 잘할 것 같다고 말해주었다. 또한 뭔가 거부할 수 없는 카리스마가 느껴진다는 극찬을 해주기도 하였다. 그때의 말이 아직도 생생한 것을 보면 사람의 말 한마디가 누군가를 죽이기도 하고 살리기도 한다는 것을 실감한다.

창업이 힘든 이유는 불확실한 미래에 나를 던지기 때문이다. 실패할 수도 있고, 대실패할 수도 있다. 하지만 성공할 수도 있고, 대성공할 수도 있다. 나의 노력, 열정, 운, 지식, 경험, 결단, 용기, 말, 행동, 습관 하나하나가 모여 성공으로 안내한다. 이왕 창업하는 거 성공해보고 싶지 않은가? 자신이 만족할 만한 성과를 올리고 주변 사람들에게도 기쁨과 행복을 전하고 인정과 사랑을 받을 수 있다면 도전해보고 싶지 않은가?

워크넷의 창업적성검사로 들어가면 다음 12가지 역량을 테스트

해보게 될 것이다. 나도 최근에 다시 테스트해보았는데, 뭔가 성향이 바뀌었는지, 창업을 시작할 때보다 성장해 있는 나를 발견했다.

번호	내용	비고
1	사업지향성	
2	문제해결	
3	효율적 처리	
4	주도성	
5	자신감	
6	목표 설정	
7	설득력	
8	대인관계	
9	자기개발노력	
10	책임감수	
11	업무완결성	
12	성실성	

창업에 성공하기 위해서는 위 12가지 항목을 냉철히 점검해보아야 한다. 약 120개의 질문지를 통해 나의 강점과 약점을 알게 될 것이다. 참고로 나는 사업지향, 설득력, 문제해결 능력이 높게 나왔고, 창업 1순위 분야는 '기계장비 및 소비용품 임대업'이었다. 그리고 2순위는 '교육서비스업'이었다.

이를 꽃집 창업 분야로 적용해본다면 플라워 서브스크립션 또는 그린 서브스크립션 같은 화분이나 조경용품을 대여해주거나 정기적으로 배송해주는 사업으로 해석할 수 있다. 2순위인 교육서비스업은 꽃꽂이 강좌, 꽃집 창업 실전반 교육, 꽃집 SNS 마케팅 교육, 창업 및 경영 컨설팅 등이 해당될 것이다.

이처럼 적성검사를 통해 자신을 면밀히 분석해보고 그에 걸맞은 꽃집 창업 분야를 잘 선정해보길 바란다. 꽃을 많이 판매하여 행복을 전하는 사업가가 되느냐, 아니면 꽃과 관련된 스토리와 콘텐츠를 파느냐, 이는 꼭 미리 점검해보고 가야 할 사항이다.

그리고 다음은 예비 창업자와 초기 창업자를 위한 교육이나 자금 지원에 관한 안내가 잘 나와 있는 사이트들이다. 또한 직업적성검사와 다양한 자기분석 프로그램들이 있으니 창업이 아니더라도 여러 가지로 유용한 내용이 많다.

홈 페이지	내용
창업넷 www.k-startup.go.kr	중소벤처기업부에서 운영하는 사이트로 예비창업자, 기창업자, 재창업자 모든 사람들을 위한 교육, 지원자금, 멘토링에 대한 정보를 통합적으로 지원한다.
기업마당 www.bizinfo.go.kr	기업마당은 중소벤처기업부에서 운영하는 중소기업 종합지원 대표 브랜드로서 복잡하고 찾기 어려운 중소기업 지원사업정보를 한곳에 모아 서비스를 제공한다.

NTIS (국가과학기술지식정보서비스) www.ntis.go.kr	NTIS는 National Science & Technology Information Service의 약자로 성과, 인력, 사업, 과제 등 국가연구개발 사업에 대한 정보를 한곳에서 서비스하는 국가과학기술 지식정보 포털이다.
e나라도움 www.gosims.go.kr	기획재정부가 운영하며 국고보조금에 대한 예산 편성, 교부, 집행, 정산 등 보조금 처리에 대한 모든 과정을 자동화하고 정보화하여 보조금이 꼭 필요한 국민들에게 사용될 수 있도록 국고보조금을 통합적으로 관리한다.
소상공인 시장 진흥공단 www.semas.or.kr	소상공인 육성, 전통시장, 상점가 지원 및 상권 활성화를 위해 설립된 준정부 기관이다.
전국 창업 보육센터 네트워크 시스템 www.bi.go.kr	창업보육센터는 "창업의 성공 가능성을 높이기 위하여 창업자에게 시설·장소를 제공하고 경영·기술 분야에 대하여 지원한다.(전국 261개, 대학교 산하)
서울 우먼업 www.seoulwomanup. or.kr	서울우먼업Seoulwomanup은 서울특별시의 24개 여성인력개발기관을 통칭하는 브랜드이자 서울시 여성일자리 통합정보망 포털사이트이다.
여성기업 종합정보포털 www.wbiz.or.kr	예비 여성기업과 창업 후 2년 이내 경영 활동을 촉진하기 위해 기업지원사업, 여성CEO포럼, 경영연수, 정책세미나 등의 정보를 제공하는 사이트이다.
경기도 경제과학진흥원 www.gbsa.or.kr	경기도민을 위한 창업, 기술개발, 마케팅, 교육, 서민경제 등 다양한 지원사업을 운영 중인 곳이다.

플라워 자격증이 없어도
창업할 수 있을까?

처음 꽃집을 시작할 때 많은 준비를 한다. 내가 아는 여성 플로리
스트는 꽃집 실무 경력이 30년 넘은 장인이지만 창업은 하지 않고 직
원으로서 월급을 받는 것을 선호한다. 또 어떤 사장님은 꽃에 대해 전
혀 모르다가 우연한 기회에 온라인 꽃집 창업을 시작하더니 한 달에
수천만 원을 벌기도 한다. 이래서 창업의 세계는 참 아이러니하다.

한참을 잘나가다가 하루아침에 수십억 원의 빚더미를 떠안은 사
업자도 있고, 10년을 실패하다가 그 후로는 잘 풀려서 수천 개의 매
장과 수천억 원의 매출을 일으키는 사람도 있다. 이 모든 것들이 과연
실력하고만 연관이 있을까? 분명히 운이나 타이밍이나 다른 요소가
작용할 것이다. 혹자는 창업 유전자라는 게 있어서 타고난다고 주장

하기도 한다.

우리가 태어난 그 시점, 정확히 말하면 부모님이 합궁을 하여 정자와 난자가 만난 그 타이밍에 고유의 에너지가 작용하여 사주팔자라는 선천적 운명을 점치기도 한다. 이름이나 가정환경, 교육, 교우관계에 따라 후천적 인생이 결정된다고도 한다.

나는 플라워 자격증도 이렇게 하나의 후천적 노력이라고 생각한다. 꽃에 대해 더욱 전문가가 되고 싶고 자격증 취득을 통해 교육 서비스 시장으로 진출하고자 한다면 자격증은 요긴할 것이다. 보통의 자격증들은 필기와 실기시험 2가지가 한 세트이다. 그래서 최종합격까지 최소 3개월에서 1년, 어떤 자격증은 2, 3년의 시간이 걸리기도 한다.

현장에서 오래 근무하신 분들 중에는 "그거, 자격증 필요 없어. 시간 들이고 돈 들이면서 뭐하러 취득하나. 그거 없이도 장사 잘해서 돈 잘 버는데"라고 말씀하시는 분도 종종 있다. 이런 말씀도 사실 맞다. 하지만 자격증 취득이 꼭 돈을 더 잘 벌기 위해서가 아닌 자기계발과 자기만족을 위한 것이라면 이야기는 달라진다. 나에게 최선의 선택이 타인에게는 무가치하다고 여겨질 수도 있고, 그 반대가 될 수도 있다. 그러므로 상대방의 선택을 존중할 줄 아는 자세가 멋진 플로리스트이자 꽃사업가의 태도라고 생각한다.

사람마다 꽃사업을 하는 목적과 방향은 대부분 다르다. 그리고 개인이 지닌 강점과 약점도 모두 다르다. 그러므로 창업적성검사나

심층상담을 통해서 현재의 나에 대해 명확히 인지하고 나서 자격증 취득 계획을 세우는 것이 좋다. 또한 자격증 관련 계획은 사실 혼자 세우기 어렵다. 어떤 자격증이 현장에서 어떻게 쓰이는지에 대해 초보자가 알 리 만무하다. 그러므로 플로리스트 학원 관계자들과 긴밀히 소통하며 정보를 모으길 바란다.

의사나 변호사처럼 전문직으로서 면허증이 반드시 필요한 직업과 다르게 꽃집이나 꽃사업은 누구나 쉽게 시작할 수 있다는 장점이 있다. 소자본으로 시작할 수도 있다. 진입장벽이 낮다 보니 누구나 쉽게 시작하지만 또 그만큼 포기하거나 이직할 확률도 높다.

만약 꽃집을 차리기 위해 식물과 경영에 관해 엄청난 공부를 한 소수의 합격생에게만 꽃집 운영 자격이 부여된다면 어떨까? 현재 우리나라의 5만 개 넘는 꽃집 중 존립할 수 있는 곳은 별로 없을 것이다. 플로리스트와 꽃집 창업이 전문 분야라고 말하기도 하지만 식물의 종류가 워낙 많고 그에 따른 관리나 유지 방법이 천차만별이기 때문에 현장에서 경험하며 노하우를 익힐 수밖에 없다.

그래서 실제로 원예나 조경에 관한 자격증은 정말 많다. 수십 개는 넘을 것이다. 내가 준비했던 조경기사의 경우에도 수목의 학명을 수백 개 외우는 것부터 식물이 병에 걸렸을 때 처방해야 하는 병충해 약품들까지 외울 게 참 많다. 참고로 병충해는 병해와 충해의 줄임말로서 병(바이러스)에 식물이 피해를 입은 경우와 충(곤충, 벌레, 진딧물)에 피해를 입은 경우가 구별된다. 농약도 뚜껑의 색깔에 따라 용도가 4

가지로 나뉜다. 이처럼 자격증에 대한 공부는 꽃집을 운영하면서 필요한 유용한 산지식이 된다.

일산에서 청년장사꾼으로 꽃집을 하던 시절, 다육식물을 20대 여성분에게 판매했다. 그런데 몇 시간 뒤에 급하게 전화가 걸려왔다. 알고 보니 다육식물 안쪽에 깍지벌레가 우글우글했던 것이다. 흰색의 아주 작은 벌레들이 잎 주변을 빠르게 기어 다니고 있었는데 너무 징그러워서 보기가 거북할 정도였다. 멀리서 봤을 때는 티가 나지 않았는데 가까이서 안을 들여다보니 기가 막힌 일이 벌어지고 있었던 것이다. 너무 죄송하고 당황하여 다른 것으로 당장 바꾸어드렸다. 그러고 나서 다시는 이런 일이 발생하지 않도록 조치를 취해야겠다고 반성했다.

그때 내가 조경기사에 대한 공부를 하나도 하지 않았더라면 그게 깍지벌레인지 무엇인지 전혀 몰랐을 것이다. 깍지벌레에 대한 민간요법으로서 달걀노른자와 식초를 섞어 잘 갠 다음 잎과 줄기에 묻혀주거나 뿌려주면 된다고 알려져 있다. 다육식물을 키워본 여러 식물 마니아들이 친절하게 인터넷에 방법을 올려준 것이기도 하다. 하지만 내가 자격증을 취득하면서 공부했던 내용은 '깍지벌레 제거에 코니도가 좋다'였다. 코니도는 수화제로서 물에 1:100으로 희석해 사용하는 병충해약이다.

이렇게 자격증을 공부하면서 터득했던 지식은 언제든 써먹기 마련이다. 식물을 사랑하는 마음으로 꽃사업을 누구보다 전문적으로 발전시켜나가고자 한다면 자격증은 경력에 날개를 달아줄 것이다.

20대 시절, 다양한 분야의 수많은 자격증을 취득한 경험이 있다. 부모님을 기쁘게 해드리고 인정도 받고 싶었던 마음으로 시작한 자격증 취득이 점점 개수가 늘어갔다. 그러면서 새로운 세상에 대한 견문이 넓어지는 느낌이었다. 내가 몰랐던 분야에 대해 깊고 넓게 공부하고 그 노력을 증명해주는 자격증까지 취득하면 마치 그 분야에 대해서 전문가가 된 것 같았다. 가끔 공부 자체보다 스펙을 위해 취득을 한 적도 있다. 하지만 그마저도 공부가 되니 권장하지 않을 이유가 없다.

2002년 7월, 월드컵이 한창 붐을 이루던 때 공군에 입대했다. 그리고 이등병 때 한 주에 한 권씩 책을 읽자는 목표를 세웠다. 제대하기 전까지 약 2년간 100권의 책을 읽기로 했다. 계획을 실천하기 위해 매주 한 권을 읽을 때마다 읽은 날짜와 제목, 저자 등을 하나의 공책에 메모했다. 그렇게 한 줄 두 줄 쌓일 때마다 뿌듯했고, 자신감이 쌓였다. 결국 100권의 책을 읽고 100줄의 기록을 남기고 제대했다. 그때의 습관으로 지금도 일주일에 한 권 이상 책을 보는 편이다.

이처럼 자격증을 꼭 취득하지 않더라도 꽃과 식물에 대한 지식을 쌓는 방법으로 독서를 강력하게 추천한다. 그리고 반드시 기록해놓기를 바란다. 기록이 바로 나의 자격증이 되는 것이다. 그 누구에게 자랑하고 보여주기 위함이 아닌 스스로의 노력과 열정을 인정하게 되는 것이다.

꽃 도감을 보는 방법도 있다. 바쁘더라도 하루에 한 페이지라도 읽으면 내가 몰랐던 사실들을 알게 되어 기쁘다. 그런 집념과 노력은 훗날 내가 내 직업에 있어서 꽃을 피우고 열매를 맺게 해주는 자양분이 된다.

그리고 꽃에 대한 지식과 경험, 노하우도 중요하지만 내가 꽃사업을 왜 하려고 하는지, 무엇을 전달하고 싶은지에 대한 콘셉트와 명분을 꼭 정하고 출발하기를 권한다. 그 강력한 why가 사업에 큰 힘을 실어줄 것이다. 단순히 부업으로 하루에 1시간만 투자해 용돈벌이를 하려는 분이라도 '나의 사명문'을 꼭 한 번 적어보길 바란다. 이는 미국에서 가장 영향력 있는 25인에 선정된 스티븐 코비 박사가 쓴 저서 《성공하는 사람들의 7가지 습관》에도 나와 있다. 우리나라에서는 300만 명 이상이 이 책을 보았다고 하니 베스트셀러로서 충분히 진가가 있다.

또한 미국의 작가이자 TED 강연가로 유명한 사이먼 사이넥의 동영상도 추천한다. 'TED WHY'로 검색하면 볼 수 있다. 애플 사, 라이트 형제, 마틴 루터 킹 목사와 같이 역사상 가장 위대한 영향력과 업적을 남긴 리더들이 어떻게 생각하고 행동하고 사람들과 소통했는지에 대해 잘 알 수 있다. 이를 자신의 꽃사업에 적절히 잘 적용한다면 반드시 성공할 것이다.

'당신은 왜 꽃집을 하려고 하는가?'

네이버 스토어팜과
모두 홈페이지를 활용하라

인터넷이라는 거대한 바다에 그물을 치자

3장에서 '나를 알고 꽃을 알면' 판매의 기본기는 갖추게 된다고
말하였다. 그리고 팔리는 꽃에 집중해야 한다고 했다. 팔리는 꽃이 무
엇인지 명확히 알게 되었다면 그다음으로는 '어떻게 더 많이 잘 팔 것
인가'이다. 즉 마케팅을 잘하는 방법을 터득하고 적용하는 것이다. 하
지만 마케팅은 워낙 범위가 넓어서 고객을 만족시키기 쉽지 않은 영
역이다. 마케팅을 한마디로 정의해본다면 '영혼이 깃든 제품과 서비
스를 가장 필요로 하는 고객에게 그 가치를 잘 전달하는 일'이라고 말
하고 싶다.

키워드만 정리해보자면 '제품, 서비스, 영혼, 고객, 가치'이다. 우

리가 팔려는 제품과 서비스의 본질을 명확히 파악한다는 것은 참 중요하다. 그리고 아무것이나 막 팔면 안 된다고 생각한다. '영혼'이라는 단어를 넣은 이유는 지속적인 가치를 창출해내기 위해서다. 예를 들어, 애플은 아이폰을 두고 고객들로 하여금 '새로운 경험'을 사게 한다고 했다. 나도 아이폰을 2년간 사용해보았지만 아직도 모르는 기능이 무궁무진해서 감탄한다. 애플의 콘셉트가 'Think Different'인 것처럼 제품의 디자인에서부터 단순미와 강력한 디테일이 고객을 사로잡는다. 즉 애플이 전달하고 싶었던 가치는 '새로운 경험'과 사용자 기반의 '편리성'이라고 말할 수 있다.

판매하는 행위도 마찬가지라고 볼 수 있다. 우리는 단순하게 꽃을 판매하는 것이 아니라, 꽃이 지닌 아름다움과 향기 그리고 생명력을 통해서 행복과 건강을 판다. 그게 바로 꽃사업의 본질이다. 다른 선물이 대체할 수 없는 꽃만이 가진 매력과 가치를 고객에게 정확히 전달할 수 있다면 그 마케팅은 성공한 것이다. 온라인 마케팅을 통해 꽃을 잘 판매하고 있는 플라워샵 중에서 독보적 1위를 하고 있는 곳이 99플라워다. 99플라워는 일단 상품수부터 압도적으로 많다.

네이버 쇼핑 기준으로 1위 업체가 99플라워, 2위가 꽃집청년들인데 상품수로만 비교해보자면 99플라워가 3,478개이고, 꽃집청년들이 369개다. 3위부터는 상품수가 360개 이하다. 즉 1위인 99플라워는 2위의 추격을 아예 원천봉쇄할 정도로 10배 이상의 물량을 온라인샵에 등록해놓은 것이다. 이렇게 물량으로 이미 온라인 공간을 선점해놓는다면 유리하지 않을 수 없다.

앞에서도 말했지만, 우리나라에서 가장 비싼 명동의 한 평 땅값보다 네이버 검색창 바로 아래 10센티미터 광고 영역이 더 비싼 온라인땅이 된 것이다. 오프라인 공간으로 유입되는 손님의 수는 한정되지만 온라인 공간은 그렇지 않다. 블로그나 카페만 보더라도 그렇다. 어떤 블로그는 하루에도 천 명, 만 명, 10만 명이 들어오기도 한다. 그리고 그중에서 꽤 높은 비율로 구매가 이루어지는 공간도 많다. 결제 또한 훨씬 빠르고 용이하다.

오프라인 매장에서 100명의 손님을 응대하기 위해서는 10명의 포스 직원이 필요하다. 온라인매장에서는 굳이 많은 인력이 필요치 않다. 모든 결제시스템을 자동화시켜놓고 주문장만 뽑아서 바로 택배작업에 들어가면 된다. 왜 온라인 시장을 겨냥하고 활성화시켜야 하는지 충분히 납득이 갈 것이다. 그렇다면 이제는 어떤 채널로 고객을 유입시키고 소통할 수 있는지 자세히 알아보도록 하자.

나와 궁합이 잘 맞는 마케팅 채널을 선택하고 집중하라

텔레비전이 귀했던 시절에는 TV 프로그램 한 편을 보기 위해 온 동네 사람들이 옹기종기 모였다. 소위 좀 산다고 하는 부잣집에나 있었다고 하니 얼마나 텔레비전이 귀했는지 알 수 있다. 지금처럼 전 국민 모두가 휴대폰만 켜면 텔레비전을 볼 수 있는 시대와는 완전히 다르다. 하지만 지금이나 그때나 뭔가 움직이고 소리가 나는 동영상에 더 반응을 잘하는 것은 변함없는 것 같다. 때로는 글과 사진보다 영상이 주는 영향력이 참 크다. 그래서 방송매체는 광고하기 좋은 채널임에 틀림없다.

지금도 대중매체는 언론을 형성하고 좌지우지하기에 아주 큰 채널인 것은 분명하다. 바로 이런 TV 채널 같은 영역이 온라인 마케팅이라고 보면 이해가 쉬울 것이다. 지금도 KBS, SBS, MBC는 공중파 언론으로서 대중들에게 막대한 영향을 끼친다. 그런데 요즘은 유튜브, 카카오톡, 페이스북, 인스타그램 같은 SNS 채널들이 사람들의 생활로 깊이 스며들어 일상을 연결시키는 다리가 되었다. 그래서 때로는 TV 시청률을 넘어서는 인기 BJ나 크리에이터의 영향력이 막강해졌다.

그렇다면 우리는 이 모든 채널을 다 이해하고 섭렵해야 할까? 사실 그럴 시간도 부족하거니와 굳이 그러지 않아도 된다. 내 업종과 잘 맞고 무엇보다 내가 꾸준히 즐기면서 할 수 있는 채널 한 가지에 집중하는 것이 효율적이다. 플로리스트로서 예술적인 상품을 만드는 것에 집중할지, 무조건 상품을 많이 판매할 것인지, 꽃집 창업자와 수강생을 길러내는 교육에 주력할 것인지 등 나의 강점과 소질을 정확히 파악하는 것이 먼저다.

내가 잘하는 것이 무엇인지 알고 나의 구체적인 사업 플랜이 세워졌다면 같은 업종에 있는, 즉 화훼업종에 관련된 쇼핑몰과 홈페이지를 집중적으로 파악해보아야 한다. 네이버 검색창에서 '꽃집'으로 검색하면 다양한 광고 영역과 쇼핑몰이 나온다. 천천히 하나씩 분석하다 보면 내가 취해야 할 점이 무엇인지 알게 된다. 나 같은 경우에는 최초의 쇼핑몰을 만들 적에 듀셀브리앙, 컬투플라워, 한수지 플라워, 소호앤노호, 꽃집아재 등을 면밀히 분석하고 벤치마킹하려고 노력했다.

국가 보조금으로 시행되는 창업교육 프로그램도 자주 들었는데, 나의 경쟁사 또는 벤치마킹하고 싶은 업체들을 나열하고 그들의 강점, 약점, 기회, 위협 요소들을 적어보았다. 그리고 주차장 유무, 접근성, 상품 퀄리티, 서비스, 배송 등의 영역도 하나씩 점검해보았다. 실제로 나의 경쟁사라고 생각한 곳을 주말에 직접 탐방하여 고객으로서 점수를 매겨보기도 했다.

이렇게 꼼꼼히 온라인상에서 보았던 쇼핑몰과 홈페이지를 직접 탐방해보면 더 확실한 답을 얻을 수 있다. 실제로 나는 여러 여성 플로리스트들과 '꼬까마 투어'라는 것을 기획하여 하루 종일 네다섯 군데 대박 꽃집들을 견학하기도 했다. 온라인상에서 본 것보다 훨씬 잘되어 있고 기대 이상인 곳도 있었지만 그 반대인 곳도 있었다. 우리 모두는 정말 좋은 경험이라고 느꼈고 또 다른 꼬까마 투어를 기약하기도 했다.

쌍방이 소통할 수 있는 플랫폼을 구축하라

세상에는 홈페이지나 쇼핑몰이 참 많다. 하지만 예쁘지 않더라도 장사가 잘되고 손님이 많은 곳도 있다. 어떤 곳은 온라인 쇼핑몰 하나 없이도 홍보가 잘되어서 북새통을 이루기도 한다. 그렇다면 우리는 어디에 집중해야 할까? 바로 소통형 플랫폼을 만들어야 한다. SNS 마케팅이 보편화되고, 채널은 계속 진화하고 있지만 핵심은 소비자와 판매자 간의 지속적 소통이 가능한 쇼핑몰인가이다. 즉 고객으로부터 피드백을 계속 받을 수 있어야 단점을 보완하고 장점을 부각시킬 수 있다.

소통을 잘한다는 것은 상대방을 있는 그대로 잘 받아들인다는 뜻이기도 하다. 나의 주관적인 선입견이나 편견들로 상대방을 판단하면 위험하다. 즉 수용성과 포용성이 좋아야 다른 사람의 말이나 마음을 헤아릴 수 있다. 이처럼 쇼핑몰을 구축하는 데 있어서 보기 좋은 외관도 중요하지만, 그곳이 진정으로 고객과 편안히 소통할 수 있는 공간이라면 더욱 많은 사람들이 찾아줄 것이다.

그러므로 처음 쇼핑몰을 만들 때는 잘 만들려고 하기보다 그냥 솔직하게 만드는 것을 추천한다. 어차피 손님들은 인터넷이 발달하면서 정보의 다양성과 개방성에 노출되어 있다. 내가 가진 매력이나 가치를 솔직하고 당당하게 어필하면 오히려 그것이 플러스 요인이 될 수 있다. 자신이 만든 쇼핑몰은 세상에 단 하나밖에 없는 귀한 쇼핑몰이라는 확신을 가지고 멋지게 오픈하길 바란다.

그렇다면 온라인 쇼핑몰은 어디에 만들면 좋을까? 보통 오프라인 매장을 열 때 역세권 중심으로 많이 알아본다. 사람들이 많이 몰리고 머물러 있기 때문이다. 인터넷상에서 역세권은 어디일까? 나는 그 답을 '네이버'라고 말하고 싶다. 알다시피 우리나라 국민의 70% 이상이 네이버 포털 검색을 활용하고 메일, 쇼핑, 뉴스, 블로그 등을 활용한다. 바로 이 점을 적극적으로 활용하는 것이다.

회사에 출근해서 또는 가정에서 컴퓨터를 켜고 네이버에 접속한 순간 나와 고객은 인터넷이라는 바다에 공존하고 있다. 나의 영역과 고객이 만나는 영역을 넓혀나간다면 나의 손님은 점점 늘어날 것이다. 네이버는 일단 무료로 제공하고 있는 채널이 많고 다른 채널들과도 연결이 잘 된다. 모바일과 PC상의 호환도 잘되어서 작업이 편리하다.

모두로 홈페이지 만들고, 스토어팜으로 쇼핑몰 만들기

청년장사꾼 시절에 대통령 직속 청년위원회에서 후원을 해주었다. 홈페이지를 만드는 데 필요한 사진과 글 등의 자료들을 보내고 네이버 아이디와 임시 비밀번호를 보냈더니 불과 사흘 만에 멋진 홈페이지를 만들어주었다. 내용 구성도 좋았고, 나중에 혼자서도 얼마든지 업데이트를 할 수 있게 되어 좋았다.

이후에는 모두modoo에서 교육을 듣고 직접 새 홈페이지를 만들어보았다. 이처럼 모두는 초보자도 홈페이지 제작이 쉽고 간편하며 수정도 할 수 있다. 검색이 잘되는 것은 물론이거니와 네이버 지도와도 연동되기 때문에 무조건 하나는 만들어놓는 것이 좋다. 더욱 매력적인 것은 이 모든 게 무료라는 점이다.

이렇게 모두 홈페이지를 만들었으면, 다음으로 블로그와 스마트 스토어를 개설하면 된다. 블로그와 스마트 스토어는 판매 기능이 있느냐 없느냐의 차이일 뿐이지 사실 맥락과 시스템은 굉장히 비슷하다. 네이버를 잘 활용하면 좋다는 이유는 홈페이지, 블로그, 스마트 스토어까지 원스톱으로 연결되기 때문이다.

스마트 스토어는 온라인상의 대형 백화점이라고 보면 된다. 신세계나 현대 백화점처럼 다품종의 대량상품이 있으면서도 수수료는 굉장히 낮다. 오히려 상품수는 오프라인 백화점보다 상상을 초월할 정도로 많다. 창업 전 꽃집에서 아르바이트를 할 때 백화점에서 근무했는데 장사가 꽤 잘되는 것 같아서 사장님이 많은 돈을 벌고 있을 거라 생각했다. 하지만 막상 정산할 때 내부 사정을 알고 나니 백화점 측으로 거의 40%에 가까운 수수료를 내주고 있었다.

하지만 이에 비하면 스마트 스토어는 보통 3, 4% 정도의 수수료만 떼기 때문에 입점자는 계속 늘어날 것으로 전망한다. 참고로 스마트 스토어나 SNS 교육은 임헌수 강사나 '촌놈' 고영창 강사를 적극 추천한다.

SNS는
하나만 제대로 파라

버릴 줄 아는 용기

앞 장에서 이야기 한 것처럼 SNS는 이제 피할 수 없는 중요한 소통 채널이 되었다. 카카오톡이 무료로 배포될 때만 해도 지금처럼 상용될 줄 알았던 사람은 많지 않을 것이다. 사실 처음엔 앱을 깔고 하나하나 실행해 기능을 익히기까지 다소 불편하고 힘들었지만, 지금은 카카오톡이 없으면 업무나 일상 대화가 안 될 정도로 많은 편의를 가져다주었다. 커뮤니케이션 플랫폼의 영향력과 위력을 다시 한 번 실감하게 되는 부분이다.

이미 대기업이나 중소기업들도 카카오톡을 적극 활용하여 모객을 하고 고객과의 소통을 위해 많은 부분에서 돈과 에너지를 쓰고 있다. 마케팅에서도 부익부 빈익빈 현상이 일어난다고 말하면 과장일까. 교육이 잘되니까 마케팅을 잘하고, 마케팅이 잘되니까 더욱 많은 돈을 벌어들여 또다시 교육과 마케팅에 돈을 쏟아 붓는다. 지속적인 선순환 과정을 통해 기업의 덩치는 계속 불어난다.

반면에 1인 기업이나 소상공인들은 이 SNS 마케팅이 생소하고 어려워 아날로그 방식으로 영업할 수밖에 없다. 병사가 전쟁터에 나가서 싸우려면 효능 좋은 무기가 있어야 하는 것처럼 권총보다는 따발총이 더욱 파괴력이 크다. 또 어부들이 바다에 나가 많은 고기를 잡으려면 쇠창살보다는 큰 그물이 유리할 것이다. SNS 마케팅은 결국 따발총을 소유하고 그물을 확보하는 것이나 다름없다.

나도 오랜 시간 동안 SNS 마케팅을 하면서 많은 사람들과 소통하다 보니 여러 가지를 깨달았다. 특히 장사가 잘되는 사장님들의 특징이 조금씩 눈에 들어왔다. 각종 마케팅 강의를 들으면서 머릿속으로 이해하고 현장에서 하나둘 경험하면서 검증된 지식으로 구체화되었다. 그리고 내가 모자랐던 부분을 깨우치면서 마케팅을 잘하는 사장님들을 조금씩 따라 해보았다.

빌 게이츠는 성공 비결로 "다른 사람의 장점을 내 것으로 만들라"고 하였고, 유니클로 창업자 야나이 다다시는 '문어발식 경영'을 강조하며 성공한 기업들의 경영, 마케팅, 서비스, 유통을 벤치마킹하여 성공했다. 또한 일본에서 가장 많은 세금을 냈던 사이토 히토리도 저서 《부자의 운》에서 이미 성공한 부자를 따라 하는 것이 부자가 되는 가장 빠른 방법이라고 말했다.

약 5년간 사업을 하면서 보았던 돈을 잘 버는 사장님들의 특징을 나누어보고자 한다. 한마디로 그들은 핵심 마니아 고객층을 보유하고 있었다. 즉 모든 사람을 다 만족시키려 하지 않았다는 말이다. 초기 사업자가 가장 많이 하는 실수 중 하나로 의욕과 욕심이 앞서서 다소 뜬구름 잡는 목표를 설정하고 비현실적인 경영을 할 때가 많다. 나 또한 그랬다. 성과가 나오지 않으면 목표를 수정하고 과감히 낮출 필요가 있다.

이번 달에 SNS 마케팅을 통해 100명의 사람과 친해지려는 목표를 가지고 있다면 하루에 3명씩 조금씩 친구를 늘려가면 된다. 결국 매출은 사람을 통해 나오기 때문에 이번 달 목표 매출액이 1,000만 원이라면 1,000만 원어치를 사줄 고객을 모집하면 되는 것이다.

나는 매출금액에만 몰두하다가 정작 사람을 놓치고 고객을 만족시키지 못하는 결과를 낳기도 했다. 100명의 사람이 10만 원어치 소비를 해주어도 월매출 1,000만 원은 금세 달성된다. 마니아 핵심고객 10명을 유치했다면 한 명당 100만 원을 소비하면 1,000만 원 달성은 금방이다. 이처럼 성공적인 SNS 마케팅의 중심에는 바로 사람이 있다. 소통을 잘하여 나의 팬으로 만들고 나를 좋아하게 만들면 고객은 기꺼이 돈을 쓰는 것을 아까워하지 않는다.

카카오스토리를 통해서 많은 돈을 벌고 있었던 김 사장은 고객과의 소통을 친구처럼 참 잘했다. 일단 자신에게 호감을 보이는 손님에게는 더욱 적극적으로 찾아가서 댓글도 남기고 애정을 표시했다. 그렇게 한 명 한 명 친구를 늘려가더니 어느새 진정성 있게 소통하는 친구가 1,000명에 가까워졌다. 이들 중 많은 수가 김 사장의 충성고객이 되었다. 처음에는 이 사람이 좀 잘생겼으니까 인기가 많겠거니 했다. 하지만 볼수록 즐거움과 재미를 주기 위해 끊임없이 노력하며 소통하고 있다는 것을 알게 되었다. 그리고 숨김없는 솔직한 모습과 인간미로 점차 고객과의 폭을 좁혀나가는 모습도 볼 수 있었다.

고객들은 사장과 친구가 되고 싶어 하고 가까워지고 싶어 한다. 사실 사장도 외로운 인간이지만 고객도 마찬가지다. 상품과 서비스는 그 둘을 이어주는 매개체에 불과하다. 세일즈란 나를 파는 것이라는 말이 있듯 내가 매력적이면 내가 파는 상품과 서비스도 끌리게 되어 있다. 그러므로 나의 이미지가 곧 브랜드가 된다.

이처럼 우리는 스스로의 이미지를 객관적으로 보면서 대중이 원하는 이미지를 위해 연출할 수도 있다. 하지만 주의할 점이 있다. 나의 이미지에 대해 콘셉트를 잡았다면 일관성 있는 모습을 보여주어야 한다. 그래야 고객으로 하여금 더 깊은 신뢰를 얻을 수 있다.

SNS 플라워 마케팅으로 성공한 꽃집

주변에서 SNS로 장사를 잘하는 분들의 소통 방법을 정리해보았다.

페이스북을 통해서 성공하신 꽃집 사장님 중에서 '꽃집아재'를 빼놓을 수 없다. 이분은 이미 페이스북에서 연예인 못지않은 인기를 누리셨던 분이다. 정년퇴직 후 꽃집을 시작하셨다고 하는데 성실과 근면으로 5,000명까지 페이스북 친구를 모으시고 나서 오프라인으로 진출하여 대박이 난 경우다. 지금도 카카오채널에서 수만 명의 구독자에게 꽃에 대한 정보와 유용한 콘텐츠를 매일 전송하고 있다.

또한 꽃 정기구독으로 유명한 '꾸까'의 박춘화 대표도 페이스북 페이지를 잘 활용하여 트렌드에 맞는 꽃사업을 진행해 성공했다. 매주 또는 매일 꽃에 대한 이야기와 퀄리티 높은 아름다운 사진을 올려 수많은 팬을 확보했고, 지금은 꽃 정기구독뿐 아니라 그린 서브스크립션이라는 이름으로 '공기정화식물'을 매주 전국으로 배송하고 있다.

덧붙여 말하면, 농촌진흥청에서도 화훼농가를 살리고 화훼산업을 살리려는 목적으로 꽃생활화 운동에 앞장서고 있다. 최근에는 서양란을 정기적으로 배송하는 일도 하고 있다. 보통 최소 6개월이나 1년 단위로 직원 15명 이상의 기업을 대상으로 합리적인 금액에 서비스하고 있다.

페이스북을 활용하여 성공한 플라워몰 중에 '원모먼트'를 빼놓을 수 없다. 이곳은 배송의 혁신을 강조하며 90분 배달을 콘셉트로 내걸고 있다. 합리적인 가격과 높은 퀄리티로 두터운 팬층을 확보하고 있다.

인스타그램에서는 나의 독일 IHK 플로리스트 동기인 이지혜 대표를 빼놓을 수 없다. '먼데이 마켓'이라는 고급스럽고 세련된 꽃집을 홍대 쪽에서 운영하고 있다. 아름답고 싱싱한 꽃을 매일 플로리스트들이 정성스럽게 제작하여 인스타그램에 꾸준히 올렸고 상당수의 팬층이 생겨났다. 취미반, 부케반, 창업반 등 다양한 클래스를 개설해 사람들에게 꽃의 가치와 아름다움을 전하고 있다. 또한 티몬이나 위메프 같은 소셜오픈마켓을 통해 매출을 증대시켜나가고 있다.

불과 4, 5년 전에는 블로그와 카카오스토리, 페이스북이 온라인 마케팅의 주를 이루었지만 지금은 페이스북, 유튜브, 인스타그램 등 즉흥적이고 간편하며 영상 콘텐츠 위주의 작업물들이 인기가 많아졌다. 특히 유튜브 채널에서도 플라워 또는 플로리스트 관련 채널이 아주 많이 생기고 있다. 최근에 눈여겨볼 만한 채널로는 남성 플로리스트 두 명이 운영하는 제이투플라워를 꼽을 수 있다. 꽃다발 제작부터 포장까지 많은 노하우를 공개한다. 또한 홍요정 플라워 클래스, 꽃장이 등 꽤 많은 플라워 관련 채널들이 있다. 그리고 일상을 담은 다육이 전문 관련 채널들도 인기가 많다. 내가 좋아하고 잘하는 것으로 콘텐츠를 만들어 꾸준히 올린다면 유튜브 마케팅도 좋은 성과로 이어지리라 본다.

홈쇼핑에서
한정판 세일즈를 배워라

귀한 것, 비싼 것, 좋은 것

사람들은 언제 지갑을 열까? 스스로의 경우를 조금만 비추어보면 금방 답이 나온다. 결론부터 이야기하면 사람들은 '나를 행복하게 해주는 무엇'을 위해 돈을 쓴다. 그것은 의식주 같은 본능적인 욕구일 수도 있고 그보다 상위 욕구일 수도 있다. 우리가 학창시절에 배운 매슬로우의 욕구 5단계설에 나와 있듯이 인정받고 싶은 마음에 돈을 써서 나를 돋보이게 할 수 있고, 자아실현의 욕구를 충족시키기 위해 학습하고 자기계발을 하는 데 돈을 쓸 수도 있다. 결론적으로 우리는 돈을 쓰고 난 뒤에 일반적으로 만족감과 기쁨을 얻게 된다. 불우이웃돕기 성금을 하는 것 역시 선행을 통해서 마음의 보람을 느끼고 사회적으로 건강한 사람이라는 자기만족을 얻는 것과 같은 이치다.

명품을 구매하거나 소장하는 이유도 그 물건 자체가 좋아서이기도 하지만 브랜드를 소유함으로써 위엄과 가치 그리고 우월감을 느끼기 위함이다. 똑같은 카페인이 들어 있는 커피이지만 몇 백 원짜리 믹스커피에 만족하는 사람이 있고, 호텔에서 몇 만 원짜리 커피를 마시며 분위기를 즐기는 사람이 있다.

이렇게 소비는 내가 필요로 하는 상품이나 서비스를 통해 나의 행복감을 증진시키는 일이다. 또한 그 상품과 서비스가 귀하고 가치가 있을수록 금액이 올라간다. 다이아몬드가 비싼 이유도 희귀성 때문이다. 또한 채굴하고 가공하는 과정에서 인건비와 정성이 들어가기 때문에 부가가치는 높아진다.

꽃도 마찬가지다. 어떤 꽃의 원가는 비싸고 어떤 꽃은 싸다. 그야말로 천차만별이다. 꽃의 모양이 예쁘고 고급스러운 것은 대체적으로 비싸다. 그리고 이 꽃들은 사람들의 정성과 인내, 포장이 가미되어 더욱 부가가치 있는 상품으로 재탄생한다. 이때 가격을 결정짓는 요소도 얼마나 사람들에게 기쁨을 주느냐가 척도가 된다.

같은 장미꽃 한 송이도 여기에 포장지를 입혀서 상품가치를 높이면 몇 배의 가격을 받을 수 있다. 같은 카라꽃도 꽃말을 알려주고 스토리를 입히면 선택받을 확률이 높아진다. 스토리 자체가 가치가 되어 삶에 긍정적인 작용을 하기 때문이다.

이처럼 더 가치 있게 만드는 행위를 할수록 그 제품의 가격은 올라간다. 그중에서 가장 대표적인 경우가 한정판 세일즈다.

불빛이 들어오는 귀이개를 어떻게 팔 수 있을까

지인 중 조찬 CEO 모임에서 만난 김효석 대표님이 있다. 이분은 세일즈 분야에서 전설적인 기록을 많이 남기신 분으로 유명하다. 현재는 '설득박사'로 불리며 아나운서와 방송인을 양성하는 아카데미를 운영한다. 홈쇼핑에서 3년 연속 업계 최고 매출을 올려 '세일즈 달인'으로 인정받았고 여러 권의 세일즈 관련 책도 집필했다. 2시간 동안 홈쇼핑에서 52억 원 매출을 올렸고, 1년간 1,360억 원의 매출을 올렸다고 한다.

어떻게 이런 기록을 만들 수 있었을까. 눈앞에서 이분의 생생한 강의를 몇 번 들었는데 가장 인상적이었던 강의는 '귀이개' 세일즈였다. 실제로 그 자리에서 천 원을 주고 귀이개를 샀는데 전혀 충동구매라는 느낌이 들지 않았다. 싸게 잘 샀다는 기분까지 들었다. 좀 더 자세히 이야기하면 판매했던 귀이개는 인터넷에서 천 원에 살 수 있는 물건이다. 판매자는 소비자의 입장에서 이미 인터넷 최저가를 알아본 것이다. 그리고 한 개를 덤으로 주는 파격적인 제안까지 한 것이다.

그리고 내가 구매를 결정한 직접적인 이유는 수량이 몇 개 남지 않았다는 것과 그 귀이개를 사용하는 모습을 구체적으로 그려주었기 때문이다. 애인끼리 가족끼리 다정하게 귀를 후벼주면서 사랑도 숙성

되고 좋은 추억을 만들어준다는 대목에서 팍 꽂혔다. 그리고 불빛이 나와서 어두운 곳에서도 잘 보인다고 코믹스럽게 말했다. 거기에 넘어갔다. 즉 한정성과 스토리, 그리고 재미 요소까지 모두 넣어 설득력 있는 이야기가 되었다. 고객의 입장에서 한 번 더 생각해보고, 제품의 가치를 높일 수 있는 멘트를 이용해 결정적인 구매로 이어지게 한 것이다.

99,000원 다육이 케이크화분을 10,000원에 내놓다

나도 SNS를 통해서 꽃과 나무를 팔아본 경험이 꽤 있다. 그중에서도 '꽃 경매 이벤트'가 기억에 남는다. 사업을 하면서 참 많은 아카데미 교육을 받는데 그중 '촌놈'이라는 닉네임을 가진 고영창 강사님의 마케팅 교육 때 배운 내용이다. 처음에는 경매 이벤트가 어렵지만 몇 번 해보고 나면 이것만큼 쉽고 재미있는 마케팅이 없을 만큼 흥미진진하다. 그리고 사람들의 참여도도 꽤 높다.

여러 가지 제품으로 경매 이벤트를 해보았지만 특히 다육이 케이크화분이 기억에 남는다. 케이크화분의 가격은 99,000이다. 배송비와 포장비는 별도이며 3단계(딜리셔스) 버전의 가격이다. 이 고가의 제품을 단돈 10,000원에 내놓은 것이다.

물론 경매 이벤트라서 10,000원이 시작이다. 점점 가격을 올리면서 경매가 진행되는데 한 사람당 3번까지만 부를 수 있다. 그렇게 경매를 시작한 지 5분에서 10분 내에 가격이 결정된다.

경매는 5만 원선에서 2개가 낙찰되었다. 그 과정에서 홍보가 자연스럽게 되었다. 경매가 있기 며칠 전에 공지를 띄워 최대한 많은 사람이 참여하도록 했고, 참여 조건은 친구를 3명씩 데려와야 한다는 것이었다. 그러다 보니 폭발적인 관심이 일어났다. 좋은 물건을 싸게 살 수 있다는 희망으로 경매에 참여한 사람들은 급기야 서로 친구가 되었다. 그렇게 몇 개의 상품을 싸게 내놓는 대신 경매라는 이벤트를 통해 수백 명에게 홍보할 수 있었다. 물론 2차, 3차 구매로 이어졌다.

귀한 상품을 널리 알리면 호응이 뜨겁다

온라인 플라워샵 꾸까는 100개 한정 판매로 유명하다. 예쁜 꽃 다발을 9,900원에 선착순으로 100개만 팔겠다고 공지를 올리는 것이다. 이렇게 한정 판매를 하면 좋은 점이 있다. 꽃의 양을 미리 계산할 수 있어서 낭비되는 꽃이 없다. 작업자 입장에서도 여유를 가지고 제작할 수 있어 더 정성을 쏟을 수 있다. 이런 이벤트를 알리고 그 반응을 보기 위해서는 SNS가 필수다. 거의 모든 과정이 SNS를 통해 이루어진다고도 볼 수 있다.

SNS를 꾸준히 하면서 고객과 소통을 잘하는 기업은 금방 많은 팬을 확보한다. 그리고 모두 판매로 이어진다. 이는 빌보드차트 200에서 두 번이나 1위에 오른 방탄소년단의 성공 요인이기도 하다. 방탄소년단은 거침없이 솔직하고 패기가 충만한 아이돌그룹이다. 그들은 SNS에 평소의 일상적인 모습을 잘 담아내 대중과 소통하며 친숙한 관계를 유지해갔다. 그리고 자연스럽게 높은 앨범 판매량으로 이어졌다.

꽃은 생명이라서 제철에 구매했을 때 가장 예쁜 모습을 보인다. 그러므로 해당 시즌의 꽃을 한정 판매하면 호응이 더 좋다. 패션 업계에서도 브랜드 파워가 있는 명품샵이나 유명 디자이너 상품은 다품종 소량 생산을 한다. 특히 자라ZARA가 그런 전략을 잘 쓰는데 빠른 판매 회전을 뜻하는 '패스트 리테일링'과 한정 판매를 통해 패션 기업으로서 상상을 초월하는 매출을 올리고 있다. 자라의 창업주 오르테가는 2016년 9월에 빌 게이츠를 제치고 포브스 선정 세계 1위 갑부(약 86조 6,000억 원)가 되었고, 현재도 상위를 유지하고 있다.

세상에 없는 이벤트로
고객을 감동시켜라

나의 작은 정성이 누군가의 인생을 돕는다

몇 년 전 어느 날 아는 형님에게 전화가 왔다. 정중한 목소리에서 약간 설레는 감정이 느껴졌다. 결혼을 생각하는 여성에게 프러포즈 이벤트를 하려는데 꽃장식을 도와줄 수 있느냐는 부탁이었다. 주로 꽃을 판매해와서 이벤트 꽃장식은 경험이 없었다. 그래도 한번 도전해보고 싶은 마음이 들었다. 그래서 일단 긍정적으로 생각해보겠다고 하고 함께 작업할 플로리스트를 알아보았다.

다행히 '꽃사랑'이라는 다음Daum 카페를 통해 프러포즈 이벤트 꽃장식을 해본 여성 플로리스트를 구할 수 있었다. 그리고 의뢰인 형님과 한 자리에 모여 토의를 시작했다. 예비 약혼녀의 생일에 이벤트를 할 예정이었고 시간은 보름 정도 남아 있었다. 우선 콘셉트를 정하고 필요한 물품을 하나씩 적어나갔다. 경험이 많은 플로리스트와 의욕이 충만한 나라서 처음에는 의견 충돌이 조금 있었지만 우리는 금방 시나리오를 작성했다. 나 또한 독일 플로리스트 자격증이 있고 꽃집에서 3년간 일하며 본 경험이 있어서 비교적 소통은 잘되었다. 그리고 당사자의 기대가 높아서 굉장히 꼼꼼히 준비했다.

　그날을 회상해본다. 종로에 있는 카페였다. 입구에서 2층으로 올라오는 계단 난간에 빈틈없이 예쁜 꽃장식을 하고, 테이블과 의자도 아름답게 변신을 시켰다. 애피타이저를 포함하여 음식은 여섯 번에 걸쳐서 제공되었는데 사전 협의대로 플로리스트가 직접 서빙을 했다. 음식이 올 때마다 선물이 하나씩 제공되었는데 감정을 고조시키기 위해서 조금씩 더 센 것으로 준비했다. 마지막엔 예비 신부님이 꼭 한번 가보고 싶다고 한 파리의 에펠탑 모형을 선물하여 마치 파리에 온 듯한 상황을 연출하기도 했다. 그렇게 점점 예비 신부의 표정이 밝고 따뜻해져가는 모습을 보는 우리도 조금씩 안도되어가며 묘한 희열을 느꼈다.

　메인요리를 거쳐 이제 디저트가 나올 시간이었다. 우리는 계획대로 아이스크림 속에 반지를 넣었다. 분위기 있는 음악과 함께 와인을 마시던 그녀가 볼이 발개져서 놀란 듯 물었다. "아, 이게 뭐예요?" 이때 준비된 바이올린 연주자가 들어가고 〈러버스 콘체르토〉가 울려 퍼진다. 남자가 무릎을 꿇고 그녀를 바라본다. "나랑 결혼해줄래?" 다소 귀엽게 말했다.

그때가 가장 긴장되는 순간이었다. 플로리스트팀과 연주팀 모두 숨을 죽이고 그녀의 대답을 기다렸다. 플로리스트와 나는 아주 작은 목소리로 "거절하면 어쩌지" 하며 걱정했다. 이윽고 그녀의 입가에 함박웃음이 번지며 대답이 나왔다. "그래요." 그녀의 승낙에 분위기는 더욱 밝아지고 이를 축하하는 연주가 이어졌다.

뒤풀이는 근처 식당에서 맛있는 소고기를 먹었던 것으로 기억한다. 벌써 4년이 지났지만 가끔씩 페이스북을 통해 그 커플의 소식을 접하곤 한다. 결혼식은 해외에서 치러 못 가보았지만 아들을 낳고 행복하게 잘 사시는 모습을 보여준다. 최근에는 결혼기념일이라며 꽃주문을 해주셨다. 왠지 그 형님의 모습을 보면서 미래의 내 모습을 그려보기도 했다.

나의 작은 정성과 마음이 더해져 누군가의 결정적 시기에 좋은 역할을 한 것 같아 기쁘고 보람차다. 이렇게 중요한 행사의 중심에는 꽃이 있었다. 때로는 꽃이 마음과 마음을 연결시켜 아름다운 한 가정을 탄생시키는 데 중요한 요소가 되기도 한다.

24시간 이벤트 문의, 잠잘 때 일할 때 빼곤 모두 전화 받습니다

노래를 좋아하고 즐기는 덕분에 지인의 결혼식에서 축가를 불러본 경험이 몇 번 있다. 어릴 적부터 노래 부르기를 좋아한 것은 맞지만 내성적인 성격이라 남들 앞에서 축가를 부르게 될 줄은 상상도 못했다. 초등학생 때까지 할머니, 할아버지 앞에서 노래로 재롱을 피우거나 코미디언 이주일 씨 흉내를 내서 귀여움을 참 많이 받았다. 그렇게 나의 재능과 끼를 이용해 누군가를 기쁘게 하면 참 행복하다. 무엇이든 대가를 바라지 않고 기꺼이 스스로 즐기면 오랫동안 꾸준히 할 수 있다고 본다. 그렇게 나의 〈슈퍼스타 K〉에 대한 도전은 6년간 이어졌고 2차 탈락으로 종결되었다. 그래도 나의 노래 사랑은 계속될 것이다.

자신의 재능과 장점을 통해 누군가를 기쁘게 하는 일은 사업이 될 수 있고 수익을 창출하게 된다. 신기한 마술, 멋진 노래, 좋은 강연은 누군가의 기분을 좋게 하면서 돈을 버는 일이다. 그렇다면 필연적으로 누군가를 기쁘게 하거나 감동을 시켜야만 돈을 벌 수 있는 업종은 무엇이 있을까? 바로 이벤트 전문업체다.

인터넷 서핑을 하다가 우연히 발견한 곳이 있다. 수천 쌍의 프러포즈를 도운 '고프로포즈'라는 업체였다. "100% 눈물 보장, 감동과 눈물이 없을 시에는 전액 환불"이라는 슬로건이 눈에 띄어서 유심히 살펴보았는데 지금까지 수년간 이벤트를 진행하면서 눈물을 흘리지 않은 경우는 딱 한 번이라고 하며 실력을 자랑했다.

어떻게 그렇게 자신감을 보일 수 있을까. 계속 찾아본 결과 한 가지 인상적인 문구를 보게 되었다. "시간만 가는데 급한 프러포즈 쉽지 않으시죠? 잠잘 때와 프러포즈 진행할 때 빼고는 전화받습니다. 밤

12시까지도 카톡, 문자 받습니다. 집 앞 24시간 편의점처럼 쉽고 편하게 물어봐주세요." 집 앞 24시간 편의점처럼 쉽고 편하게 물어봐 달라고 하는 멘트가 모든 것을 말해주고 있었다.

가끔 지인 중에 밤 10시가 넘어 꽃을 주문하시는 분들이 있다. 대부분의 전국 플라워 체인망은 저녁 8시에 마감하기 때문에 이후 주문은 다음 날 아침으로 발송을 연기한다. 그래서 밤 11시에 근조화환 발송을 부탁하는 전화를 받으면 난감하기도 하다. 물론 급한 사정이라면 도움을 드린다. 그런데 그때 위의 이벤트 업체처럼 더 친절히 응대했으면 좋았을걸 하는 반성을 하게 되었다.

밤늦게 온 주문 전화지만 "괜찮으신가요?"라는 따뜻한 말 한마디로 응대했다면 고객은 감동을 느꼈을 것이다. 다음번 주문 때는 예절을 갖추어 일찍 그리고 더 많이 주문할지도 모른다. 이렇게 조금은 무례한 손님이라 할지라도 최대한 예의를 갖추고 정성을 다해 응대한다면 단골로 이어질 확률이 굉장히 높다. 어려운 손님일수록 잘 응대하면 단골로 전환되는 경우가 많기 때문이다.

꽃과 관련된 이벤트는 정말 많다. 프러포즈뿐 아니라 돌잔치, 결혼식, 회갑 등 가족 단위의 행사도 있다. 가장 뻔한 말이면서 가장 영향력 있는 말이 '역지사지'라고 생각한다. 100%에 가깝게 느끼고 이해해주고 받아들인다면 내 고객이 되지 않을 사람이 없을 것이다. 고객은 자신의 마음을 알아주길 바라고 받아주길 바란다.

플로리스트가 따가운 장미 가시를 훑어내고, 무거운 물양동이를 두 손으로 들어야 하고, 수백 번의 가위질에 손아귀와 팔목이 붓고 인대가 늘어나는 고통을 겪는다는 것을 고객은 알거나 이해해주지 못할 것이다. 그럼에도 불구하고 고객을 만족시키려고 노력하고 감동을 주려는 마음은 분명히 결과물을 통해 전달될 것이다. 고객이 보건 보지 않건 24시간 고객을 떠올리며 고객을 사랑하는 마음으로 더 좋은 이벤트로 기쁘게 해주려는 자는 더 큰 감동으로 돌려받게 될 것이다. 그게 바로 마음의 법칙이자 비즈니스의 마법이기 때문이다.

5장

창업
이렇게 시작하라 1
- 초기 자본 없이 꽃집 창업하기

FLOWER SHOP

FLOWER SHOP

성공 방정식을 알고
창업하라

창업이라는 말을 들으면 무엇이 떠오르는가? 힘들다? 어렵다? 그럼에도 불구하고 사람들은 왜 창업을 할까? 나의 경우만 보더라도 그 이유가 대략 짐작된다. 원하는 만큼의 돈을 벌고 싶고, 유명해지거나 스타가 되고 싶고, 자기가 정말 좋아하는 것을 즐기면서 생계를 유지하려는 소박한 꿈을 가진 사람도 있을 것이다. 정리해보면 저마다의 꿈을 이루고 자아실현을 하기 위해서일 것이다.

하지만 수많은 사람들이 창업에 도전하고 재도전하면서도 쉽게 성공하지 못하는데, 창업의 성공 요인을 정확히 파악하고 그 매뉴얼대로 실행하지 못했을 확률이 꽤 높다. 어찌 보면 창업은 굉장히 어렵고 누구나 성공할 수 없는 것처럼 보이지만 또한 반대로 굉장히 쉽고 간단하여 누구나 성공할 수 있다고 말할 수도 있다. 왜냐하면 수학의 방정식이 있는 것처럼 창업에도 방정식이 있기 때문이다. 내가 수많은 도전과 실패 끝에 내린 성공 방정식이 있다면, 그것은 바로 '성공할 때까지 노력하면 성공한다'이다.

너무 터무니없고 억지스러운 방정식 같은가? 하지만 이 말 속에는 여러 가지 깊은 뜻과 의미가 담겨 있다. '성공할 때까지 노력하면 성공한다'는 말에는 다음의 3가지 의미가 담겨 있다.

첫 번째, 대가 지불의 원칙이다. 물이 섭씨 100도에서 끓는다는 것은 대부분 알고 있다. 우리가 하려는 그 성공이 물이 끓는 것이라고 가정한다면 성공이라는 가시적인 인정을 받기까지는 지속적인 열 공급이 필요하다. 즉 98도 99도가 아닌 100도까지 물의 온도를 높여야 끓는다. 성공도 마찬가지다. 임계점이라는 순간까지 열정과 노력, 정성을 다해야 한다.

두 번째, 올바른 방향 설정과 목표 설정이다. 서울에서 부산으로 여행을 가고자 한다면 명확히 부산의 어느 곳으로 목표 설정을 하고 떠나야 부산에 다다를 수 있다. 무턱대고 남쪽 방향으로 간다고 부산에 갈 수 있는 것이 아니다. 성공의 GPS를 켜고 명확한 목적지를 찍어야 한다. 그러므로 내가 진짜로 원하는 성공이 무엇인지 나 스스로에게 냉정하고 솔직하게 물어야 한다. 그리고 그에 대한 답변을 두려워하지 말고 들어야 한다. 목표가 구체화되었으면 그다음에는 돋보기로 초점을 맞춰 종이를 태우듯이 한 곳에만 집중해야 한다. 사실 양보다 중요한 것이 질인데 정확한 곳에 집중하면 종이를 뚫을 수 있고 태울 수 있다. 조급한 마음에 이리 갔다 저리 갔다 하며 돋보기를 자꾸 움직이면 종이는 타지 않는다. 주변만 그을릴 뿐이다. 성공이라는 목표를 쟁취하려면, 집중을 통해 종이를 뚫어야 하고 태워야 한다.

세 번째, 지속, 반복, 끈기다. 한때 유행했던 말로 그릿^{grit}이라고도 한다. 그릿의 사전적 의미는 '기개'이지만 그 안에는 '포기하지 않는 열정과 끈기'라는 메시지가 담겨 있다. 어찌 보면 첫 번째 의미와 비슷하지만 세 번째 의미에서는 '반복의 위대함'을 강조하는 것이다. 아무리 약한 낙숫물이라도 같은 자리에 계속 떨어지면 바위를 뚫고 쪼갠다. 창업 전 준비 과정을 더욱 철저히 해야 한다. 어쩌면 창업을 어떻게 준비했느냐에 따라 창업 성공의 여부가 결정 난다고 해도 과언이 아니다. 창업이라는 것은 내가 아무리 잘해도 시기와 운이 잘 맞아야 상승 기류가 생긴다. 지루하고 힘든 과정이지만 최선을 다해 연단하고 즐기다 보면 창업을 하는 순간부터는 자전거 타기를 하듯 지속적으로 앞으로 나아갈 수 있다.

꽃집이 줄고 있지만 도리어 기회다

양재 꽃시장에서 항상 매출 상위를 달리시던 우리 부모님도 언젠가부터 장사가 힘들어졌다는 말씀을 많이 하신다. 그 이유는 손님들이 꽃시장에 잘 나오지 않는다는 것이다. 그도 그럴 것이 인터넷으로 할 수 있는 주문 및 결제가 너무 쉽고 편해졌다.

경조사 때 꽃 주문을 제일 많이 하다 보니 급하게 주문하는 경우가 많다. 그러다 보니 자동적으로 인터넷 검색을 하게 되고 온라인 꽃집을 이용하게 된다. 이제는 포털사이트에 지역별 광고도 잘되어 있어서 즉시 주문할 수 있다. 실제로 양재 꽃시장에서도 책상과 컴퓨터만 두고 주문을 받고 발송하는 작업이 이루어지고 있다.

나 역시 2013년 7월, 정부보조금 사업에 채택되어 창업을 시작했다. 책상과 노트북밖에 없었지만 블로그를 열심히 배워서 꽃사업을 시작했다. 화초와 화분을 몇 개 사다가 책상 위에서 작업을 하고 사진을 찍고 블로그에 올렸다. 번거롭기는 해도 책상에서 모든 것을 소화했다. 당연히 처음에는 블로그에 판매글을 올려도 보는 사람도 없고 매출도 거의 없었다. 하지만 지속적으로 온라인 활동을 하다 보니 이웃도 생기고 고객도 생겼다.

나중에는 내가 쓸 수 있는 공간이 좀 넓어졌고 화분과 도구 등을 더 가져와서 작업장과 사무 공간을 나누어서 일했다. 이제는 오프라인 매장에 너무 목숨을 걸 필요가 없다. 최근에는 공유 오피스 공간도 많고, 작업 공간으로 활용할 만한 공방도 찾아보면 꽤 많다. 사실 노트북 하나만 있으면 내가 가는 모든 곳이 사무실이 될 수 있다. 심지어는 카페에서 꽃작업을 하는 사람도 많이 보았다. 그러니 공간의 제약에서 벗어나 효율성을 극대화할 수 있는 방법을 찾아보자.

꽃 정기구독으로 유명한 꾸까도 작은 지하 작업실에서 자본금

500만 원으로 시작했다. 현재는 월 매출 5억 원이 넘으며 쇼룸도 두 개를 소유한 회사다. 지인 중에는 집에서 온라인 쇼핑몰을 시작해 꽤 높은 매출을 올리는 분들도 있다. 이제 사무실 없이 일하는 '오피스리스워커'가 많아지고 있다. 그들은 성과도 잘 내고 있다. 《나는 세상으로 출근한다》라는 책을 쓴 박용후 작가는 관점을 바꾸면 누구에게나 기회가 있다고 말한다. 자본을 투자하기보다는 나의 창의력과 시간을 투자하여 누구도 대체할 수 없는 존재가 되어 자신만의 컬러와 경쟁력을 갖추라고 이야기 한다.

미래학자 앨빈 토플러는 2030년 즈음이면 전 세계 일자리의 80%가 사라지거나 아예 다른 형태로 바뀔 거라고 예견했다고 한다. 인터넷의 발달로 인해 점점 인력의 필요성이 줄어드는 세상이 온 것이며 일을 잘하는 능력보다 새로운 일자리를 만들어내는 능력이 중요해진 시대가 온 것이다.

월 77,000원으로
인생이 바뀌는 비밀

77,000원에 꽃집 창업 시스템을 드립니다

창업에 있어서 아이템만큼 중요한 것이 무엇일까? 그것은 시스템이다. 그래서 우리는 시스템이 탄탄하고 안정적인 프랜차이즈를 선택하여 창업 리스크를 줄이는 쪽을 선택하다. 이미 검증이 되고 수익이 나는 프랜차이즈 매장을 구하는 편이 아예 맨땅에 헤딩하는 것보다 훨씬 안전하다고 판단하기 때문이다.

나도 꽃집을 경영하면서 훗날 프랜차이즈 사업을 해보고 싶다는 포부가 있어서 여러 프랜차이즈 박람회에 다녀보았다. 서울 쪽에서는 양재 aT센터나 삼성 코엑스에서 이따금씩 박람회를 개최한다. 사람도 많고 볼거리도 많다. 박람회에 가보면 유난히 외식업체들이 많다.

역시 사람들은 먹는 것에 관심이 많다. 먹는 즐거움과 건강을 제공하는 일이 사업이 된다는 것을 새삼 느끼게 된다. 우리가 잘 아는 대패삼겹살의 원조인 백종원 대표도 외식업 프랜차이즈를 통해 많은 브랜드를 만들었다. 이제는 도시마다 동네마다 그의 가게와 음식을 보고 맛볼 수 있다.

무엇이 그렇게 수많은 점포를 만들어낼 수 있게 했을까? 후발주자의 경쟁도 심하고 나의 성장과 성공을 훼방하려는 사람들도 분명히 있었을 것이다. 그럼에도 불구하고 외식업의 대가로 우뚝 설 수 있었던 원동력은 사람과 음식에 대한 사랑이라고 생각한다.

그렇다면 꽃집 창업은 어떤 마음가짐으로 시작해야 할까. 꽃을 좋아하지 않는데 꽃사업을 할 수 있을까. 꽃을 사랑하는 마음이 없다면 성공으로 이어지기 쉽지 않을 것이다. 나 역시 처음에는 꽃을 사랑하는 마음보다는 그냥 나에게 주어진 환경과 조건에 맞추어 꽃일을 하게 되었다. 하지만 꽃에 대해서 관심과 흥미를 갖게 되면서 더 많은 것을 알게 되었고 점차 꽃과 식물에 대한 애정이 늘어갔다.

스티브 잡스는 내가 사랑하는 일을 찾기보다 내가 하는 일을 사랑하는 것이 더 중요하다고 했다. 내가 하는 일을 더 깊이 연구해보면 결국 유레카 하면서 정답이 열릴 것이다. 집에 식물이 없다면 산책이라도 해야 한다. 단 1분이라도 말이다. 그것이 이대강 플라워에서 주장하는 '하루 1분 식물경영'이다. 아무리 바빠도 하루 중 1분은 식물과 자연에게 눈을 돌리고 마음의 주파수를 자연에게 맞추어보는 것이 중요하다. 그때 영감이 떠오르고 진정한 자신감에서 오는 여유가 생긴다.

꽃과 식물을 판다는 행위는 결국 행복과 평안함을 나누는 것이라고 확신한다. 아주 의미 있고 가치 있는 일이다. 꽃집 창업을 하여 꽃과 나무를 유통하고 판매한다는 것은 자부심을 가질 일이다. 이런 자신감과 자부심으로 월 77,000원으로 꽃집을 창업할 것을 추천한다. 비싼 임대료, 권리금, 시설 장비가 없어도 된다. 이미 네트워크와 시스템이 갖추어진 온라인 꽃집 창업 플랫폼이 있다. 이름은 '꽃파는 사람들'이다.

나는 여기서 20명 정도의 사람들을 창업시키고 지사장 직함을 달게 되었다. 꽃에 대해 하나도 모르는 직장인이 있었는데 온라인 홍보자료를 전달하고 마케팅하는 방법을 하나씩 알려드렸다. 어느새 그분은 직장 생활을 하면서도 짬짬이 꽃판매를 했고, 두 달째부터 월 매출 100만 원에 달하는 실력을 보여주었다. 그리고 계속 매출이 증가했다.

오프라인 꽃집을 창업하고 전국 꽃배달 체인망을 이용하려면 사업자등록증이 있어야 한다. 그러나 '꽃파는 사람들' 시스템은 사업자등록증이 없어도 된다. 개인 프리랜서 소득으로 증빙되기 때문에 누구나 부업으로 작게 시작할 수 있다. 학생, 주부, 직장인, 자영업자 등 누구나 가능하다.

또한 계산서나 입금 처리 같은 행정 업무도 부산에 있는 본사 콜센터에서 전적으로 처리해준다. 그러니 꽃집 사장으로서 영업 활동만 하면 된다. 영업도 어렵거나 부담스럽다면 본사에서 제공하는 온라인 홍보자료를 카카오톡이나 SNS 등을 통해 전달하면 된다.

꽃이라는 아이템은 우리의 일상과 굉장히 밀접하며 인생의 희로애락을 함께한다. 단체 회식 자리나 친목 모임 등에 갔을 때 명함 한 장만 건네도 매출로 이어질 가능성이 크다. 대신 아무리 친한 사이라도 비즈니스를 할 때는 예의로써 최선을 다해 친절히 서비스해야 한다.

'꽃파는 사람들' 시스템은 초보자도 쉽게 이용하며 사업할 수 있게끔 탄탄한 시스템을 갖추고 있다. 이렇게 아무리 쉬운 사업도 자신과 잘 맞지 않고 지속적으로 흥미를 느낄 수 없다면 과감히 접어야 한다. 보통 오프라인에서 꽃집을 차리고 나면 본전을 뽑기 위해서라도 계속 버티다가 손실이 더 크게 나는 경우가 있다. 하지만 온라인 꽃집 창업은 2, 3달 해보다가 성과가 나지 않는다면 언제든 등록 코드를 삭제할 수 있다.

정말 최악의 상황으로 3개월간 실적이 정말 안 좋아도 15만 원 내외의 관리비만 납부하면 되는 것이다. 이런 손실마저도 없게 하고 수익을 최대화하기 위해서 이대강 꽃집창업 아카데미에서는 각종 세미나와 컨설팅을 진행하고 있다.

꽃사업으로 성공하고 싶으면 꽃사업으로 성공한 사람들과 친하게 지내면 된다. 이미 성공한 사람들이라서 바쁘고 콧대가 높을 것이라고 미리 판단하지 말고 용기를 내서 두드려보아야 한다. 분명히 배울 점이 있고 통찰을 얻게 된다.

꽃파는 사람들을 통해 월 77,000원 꽃집 창업으로 성공한 사람이 있다면 대표적으로 두 사람을 꼽는다. 김우남 플라워의 김우남 사장과 버그네 플라워의 윤영민 사장이다. 이분들은 부산에서 플라워 컨설턴트 2기 스칼라십이 열렸을 때 롤모델 강사로서 성공 노하우를 공유해주었다. 그리고 본사에서도 초빙연사로 모실 만큼 뛰어난 업적을 이루었다.

김우남 사장은 한마디로 불도저 같은 성격의 화끈한 행동파다. 건장한 체격만큼이나 배포가 좋고 무조건 밀어붙이는 스타일이다. 그런데 그의 성공 요인은 이런 진취성에 있는 것이 아니라 지속성에 있다. 정말 고집스럽게 한 우물만 반복적으로 판다.

그의 SNS를 2년 넘게 지켜본 결과 하루도 안 빠지고 아침, 점심, 저녁 하루 세 번 카카오스토리에 자신의 일상을 올리고, 이와 함께 꽃 사진과 홍보 멘트를 올린다. 그리고 항상 밝은 모습으로 꽃을 파는 행위를 즐긴다. 그것이 일상의 SNS에서 묻어난다. 꽃을 팔수 있다는 것에 대해 감사해하고, 작은 꽃 하나를 팔아도 손님이 기뻐한다면 만족한다. 이렇게 솔직하게 자신의 일상을 공유하고 재치 있는 입담과 고객과의 지속적인 소통으로 단골손님과 주거래 기업을 상당수 보유하고 있다.

그는 나에게 말했다. 그저 손님의 마음을 잘 받아주면 꽃도 잘 팔린다고. 그렇다. 고객의 입장에서 한 번 더 생각해보고 역지사지한다면 그들이 원하는 것을 정확히 만족시켜줄 수 있다.

치킨 한 마리에 1,800원,
꽃바구니 한 개에 1만 원의 이익이 남는다

절대로 망하지 않는 꽃사업, 망해봤자 77,000원

치킨집 창업과 꽃집 창업을 비교해보자. 치킨집은 내가 직접 창업해보고 운영해보지 않은 영역이기 때문에 주변에서 들은 이야기와 자료 검색을 통한 내용을 근거로 이야기해보겠다. 보통 치킨집을 시작할 때는 자기 브랜드로 직접 창업하는 경우가 드물다. 대부분 프랜차이즈를 통해 안정적으로 시작한다. 매뉴얼과 시스템이 있기 때문이다. 조리하는 사람, 서빙하는 사람, 배송하는 사람, 이렇게 세 파트로 나뉘고 보통 두세 명으로 시작한다.

지인에게 들은 바에 의하면 15,000원짜리 치킨 한 마리를 팔면 사장이 가져가는 순이익은 1,800원 정도라고 한다. 15,000원 중 거의 절반인 7,000원이 치킨에 대한 원가다. 여기에 배송비 3,000원, 직원급여와 관리비를 합하면 3,000원 정도 된다. 그래서 한 달 내내 쉬지 않고 치킨 1,000마리를 팔아서 매출 1,500만 원을 달성해도 순이익은 180만 원 정도다. 치킨집마다 사정은 다르겠지만 월 순이익 100만 원이 안 되는 곳이 엄청 많다고 한다.

내가 아는 선배의 지인은 월매출 3,000만 원이 넘는데 순이익은 200만 원대라고 한다. 휴일과 밤낮없이 스트레스 받으며 한 달간 뼈 빠지게 일해도 200만 원이라니. 사실이라면 차라리 아르바이트를 두 개 하는 게 낫겠다는 생각이 들 정도다.

사업에서는 순이익이 중요하다. 그리고 순이익이 발생할 때까지는 시간이 걸릴 수밖에 없다. 창업을 하고 초기에 들어가는 비용이 적지 않기 때문이다. 치킨집을 운영하려면 최소한 식사하는 공간과 조리하는 공간이 필요하다. 그리고 권리금과 임대료가 발생한다. 치킨을 집에서 튀기고 온라인으로만 주문받고 배송할 수는 없다.

반면에 내가 추천하는 월 77,000원 꽃집 창업은 한 달에 들어가는 비용이 이게 전부다. 더 이상 돈이 들어가지 않는다. 내가 꽃집 사장이 되어서 전국 1,600개 꽃집 사장님들과 협력하여 사업을 하는 것이다. 내가 직접 꽃작업을 하지 않아도 되고, 꽃에 대해 전문가가 아니어도 된다. 본사 콜센터에서 50여 명의 친절한 직원들이 아주 상세히 고객 상담을 해주기 때문이다. 배송지와 가장 가까운 꽃집 사장님에게 연결해주고 배송과 계산서까지 원스톱으로 모두 처리된다.

그래서 초기 비용은 없고 홈페이지 서버 비용과 콜센터 직원 인건비 정도만 든다. 매월 77,000원이면 사실 30평 남짓한 꽃집 매장 임대료의 30분의 1도 안 된다. 나도 일산 원마운트에서 청년장사꾼 1등으로 선발되어 1년간 매장 운영을 했는데, 그때 월 임대료가 300만 원이었다. 사실 임대료는 100% 지원을 받았지만 관리비, 통신료, 주차료 등은 개인적으로 부담했다. 옆집의 옷가게 사장님도 매일 나와서 열심히 옷을 팔았는데 얼핏 계산해보아도 최소 한 달에 1,000만 원 이상의 매출을 찍지 않으면 절대로 버틸 수 없는 상권이었다. 우리 가게는 평일에 손님이 너무 없어서 파리가 날리는 날도 있었다. 만약 그곳을 자비로 들어갔다면 몇 달을 못 버티고 나왔을 테지만 고양시와 원마운트 측에서 지원한 혜택을 최대로 누리면서 무엇보다 장사 경험을 제대로 하고 싶었다. 내가 여기 있는 1년 동안 6개월을 못 버티고 나간 업체들도 상당히 많았다. 힘들게 돈 들여 인테리어 공사까지 다 했어도 지속적인 매출이 발생되지 않으면 문을 닫는 것이 지혜로운 선택이었을 것이다. 그렇게 사업이란 시간과 돈의 리스크를 감수하고 하게 되는 것이다.

반면에 77,000원 꽃집 창업은 리스크가 없다. 그리고 5가지의 지원이 있다. 개인 대표번호, 콜센터 상담, 주문서 인트라넷, 상품 홈페이지, 온라인 홍보 및 사업지원이다. 이렇게 꽃사업에 필요한 요소들을 전폭적으로 지지해준다.

콜센터 직원에게 개인 대표번호를 통해 주문 상담이 오면 일괄적으로 모두 처리해준다. 상담원이 친절하게 응대하고 배송까지 안내해주기 때문에 사업주는 꽃집 사장으로서 자신의 일을 알리는 업무에 집중하면 된다. 그렇다고 사업주인 내가 꽃을 아는 일에 소홀히 해서는 안 된다. 나 스스로도 끊임없이 식물과 상품에 대한 공부를 해야 한다. 전문성을 갖추어나가야 점점 더 완전한 꽃집 사장님이 될 수 있다. 공부를 게을리 하면 절대 안 된다. 식물과 꽃은 종류가 상당하다. 그리고 특징도 다르고 키우는 방법도 천차만별이다.

내가 마케팅 활동으로 바쁘고 일손이 모자라서 도와주는 콜센터 직원이 몇 명 더 있다고 생각하면 좋다. 그래서 내가 응대할 수 있는 부분은 최선을 다해서 손님이 만족할 수 있도록 해야 한다.

치킨집보다 꽃집을 차리는 것이 더 좋다고 말하려는 것이 아니다. 각자 적성과 흥미가 다르고 만족도 다르다. 다만 꽃집 창업을 하기로 마음먹은 예비 사장님이라면 이렇게 시스템이 제공되는 온라인 꽃집 프랜차이즈 형태로 작게 시작해보라는 것이다. 그러면 전체 유통과 사업의 흐름을 이해하게 될 것이다. 나중에 여유 자금이 생기고 분명한 목표와 뜻이 있어서 오프라인 매장을 차릴 것을 감안하더라도 전국 꽃배달 유통 시스템은 대부분 비슷하다. 그러므로 꽃파는 사람들 시스템(이하 플라시스템)을 통해 먼저 겪어본다면 꽃사업은 안전하게 성장할 수 있다.

처음에는 다소 낯설게 느껴질 수 있다. 특히 꽃배송은 시간이 중요하기 때문에 고객이 원하는 시간에 싱싱한 상품을 안전하게 배송해야 하는데, 플라시스템을 통해 이런 부담을 덜 수 있다. 보내는 사람의 마음이 잘 전달되도록 리본이나 카드에 쓰일 문구만 오타 없이 잘 적는다면 이미 꽃사업은 90% 이상 성공한 것이나 다름없다. 한번 용기를 가지고 시작해보기를 바란다.

하루 10콜은
월매출 1,000만 원

지금 당장 전화기를 들어라

나는 텔레마케팅 관리사 자격증이 있다. 군대를 막 제대한 그해, 나는 뭐든지 할 수 있다는 자신감과 의지로 실내건축 산업기사, 유통 관리사, 한자 2급 자격증에 이어서 텔레마케팅까지 그야말로 닥치는 대로 자격증을 취득했다. 어렸을 적부터 전화 목소리가 좋다는 주변의 칭찬도 있었고 왠지 전화로 하는 업무는 쉽고 재미있을 것 같았다. 그리고 언젠가 써먹을 것이라는 확신이 있었다. 참 신기하게도 그 바람대로 사회생활을 하면서 여러 번 텔레마케팅 업무를 하게 됐다.

보통 내부에서 고객을 향해 전화하는 것을 '아웃바운드 콜'이라 하고, 외부에서 전화가 걸려 들어오는 것을 '인바운드 콜'이라고 한다. 예를 들면, 114 같은 곳에서 일하는 분들이 전화를 받는 것은 '인바운드 콜'이고, 반대로 영업 조직에서 타깃층을 잡고 미리 작성된 대본에 맞추어 다소 공격적으로 영업 전화를 하는 것을 '아웃바운드 콜'이라고 한다.

나는 이 아웃바운드 콜을 한 은행 콜센터에서 일할 때 하루 100~150콜 이상 부지런히 돌렸다. 보통 DB라고 하는 전화번호명단이 있고 내가 원한다면 더 많이 전화할 수도 있는 상황이었다. 그런데 보통 오전에 2시간, 점심 먹고 나서 집중해서 3시간 정도 돌리면 뇌의 피로도가 상당하다. 이후에는 전화를 건다고 해도 적중률이 떨어진다. 그렇게 매일 꾸준히 아웃바운드 콜을 성실하게 돌린 결과가 수입으로 증명됐다. 보통 열심히 한 달에는 250만 원 정도 벌었고, 좀 저조할 때는 150~200만 원 정도를 벌었다.

일주일에 한 번 이상은 영업교육을 했는데 지점장이나 매니저가 요구했던 사항은 매일 일정량 이상의 전화를 꾸준히 하라는 것이었다. 단지 그것밖에 없다고 했다. 즉 '깔때기 법칙'이라는 게 있어서 내가 들이붓는 양이 많을수록 걸러져 나오는 양도 많다는 내용이었다. 그래서 전화를 많이 돌릴수록 수입은 정비례한다고 이야기했다. 그런데 정말 그 말대로 현실이 펼쳐지고 있었다.

사실 그때뿐만이 아니다. 깔때기 법칙은 대학을 졸업하고 생명보험사에서 일했을 때도 거의 비슷하게 적용되었다. 내가 근무했던 지점은 전국 최우수 지점을 6개월 이상 유지할 만큼 조직력이 강하고 성과가 좋았다. 이곳의 지점장이 이끈 영업 트레이닝 방식과 오전 점호가 아직도 생생하다. 아침 조회를 보통 오전 8시 30분쯤 했다. 출근도 8시까지여서 7시까지 오는 직원도 많았다. 같이 근무한 영업인이 70여 명이었는데 지점장이 출석을 부르면 '네'라는 대답 대신에 어제의 실적을 공개적으로 발표해야 했다. 예를 들면, 어제 내가 방문했던 고객 수와 전화 콜 수로 응답하는 것이다. 즉 지점장이 '홍길동' 하고 부르면 '15콜 7방(訪)입니다'라고 대답하는 것이다.

이 방법은 굉장히 효과가 컸다. 매일 아침 어제 자신의 실적을 공개적으로 이야기하면, 현재 조직 내에서의 자신의 위치를 스스로 알게 되고 부끄럽지 않은 성과를 내보이기 위해서 다들 필사적으로 선의의 경쟁을 하게 된다. 바로 여기 보험회사 영업조직에서도 느꼈던 점이 나의 고객 방문 수와 전화 콜 수가 월수입에 직결된다는 것이었다. 아직도 기억에 남는 영업교육 자료가 있다. '억대연봉자의 하루', 대략 이런 제목의 영상이었는데 출연한 여성은 열정적으로 고객을 만나고 다녔다. 내용 중 한 가지 사례를 나눠보자면, 너무 열심히 고객을 만나고 다녀서 집에 와서 신발을 벗어보니 양말이 온통 빨간색이었다. 발바닥에 상처가 나서 피가 줄줄 나는데도 모르고 다녔던 것이다.

이처럼 절실한 마음으로 몰입하고 집중하면 성과는 반드시 나온다. 내가 꽃집 창업을 한 후로 첫 달은 10만 원도 못 벌었다. 하지만 많이 번 달에는 1,000만 원 가까이 수익을 냈다. 그때 나의 영업 패턴을 돌이켜보면 유독 전화 콜 수가 많았다. 어림잡아 하루 평균 5콜이면 월 매출 500만 원, 하루 10콜이면 월 매출 1,000만 원가량 이었다.

미국 보험업계 세일즈 분야의 전설적인 인물로 잘 알려진 프랭크 베트거의 《실패에서 성공으로》라는 책에 이런 말이 나온다. "영업을 너무 어렵게 생각하지 마세요. 다만 내가 하는 일을 정직하게 하루 다섯 명에게 10분에서 15분간 통화하면서 알리기만 하세요." 정직한 열정이 수입과 행복을 배가시킨다.

하루 한 명 창업하기 전에는
잠을 자지 않는다

아침마다 한 가지 목표를 적어라

세계적인 동기부여 강연가 브라이언 트레이시가 한국에 왔었다. 그는 미국을 움직이는 강연가 10인 중 한 명으로 뽑혔을 만큼 엄청난 영향력을 행사하고 있다. 2시간 강의료가 7, 8억 원 정도 한다고 하니 몸값이 엄청나다. 그가 삼성동 코엑스에 왔을 때 강연 열기가 뜨거웠다. 정말 신기하고 감사하게도 그분의 강연을 코앞에서 듣게 되었다. 10여 년 전 그의 영상을 처음 보고 버킷리스트를 적으며 꿈을 키워왔는데, 악수까지 하게 되어 감회가 남달랐다.

이날의 강연은 동시통역으로 진행되었는데 한 마디라도 놓치고 싶지 않아서 아주 집중했고 노트에도 빼곡히 강연 내용을 적었다. 강연 주제는 '어떻게 하면 하이퍼포머가 될 수 있을까?'였다. 즉 성과를 높이고 매출을 높이고 싶은 사람들에게 꼭 필요한 강의였다. 전반적으로 내용이 다 좋았다.

그중 두 가지만 나누어보자면, 첫 번째는 '하루에 한 가지에만 집중하라'이다. 누구에게나 하루는 24시간이다. 매일 아침마다 선물처럼 받는 시간이다. 하루 동안 너무 여러 가지를 잘하려다 보면 에너지가 분산된다. 내가 제일 필요로 하는 것, 즉 가장 중요한 것 한 가지에만 집중해서 최대의 성과를 올리라는 말이었다. 이 말은 하루에 꼭 한 가지만 하라는 뜻이 아니다. 다섯 가지를 하더라도 가장 중요하고 시급한 것은 무슨 일이 있어도 꼭 완수하라는 의미다. 그 한 가지를 메모지에 적어서 호주머니에 넣고 다니는 방법도 있다고 했다.

이는 비단 브라이언 트레이시만 한 말이 아니다. 워런 버핏도 할 일을 스무 개 적은 다음 덜 중요한 것을 하나씩 지워나가라고 했다. 그렇게 다섯 개만 남기고 거기에 집중하라고 했다. 이는 한정된 시간과 자원을 가장 효율적으로 사용할 수 있는 방법이다. 선택과 집중의 다른 말은, 포기와 집중인 것이다. 덜 중요한 다른 것들을 과감히 포기할 수 있어야 가장 중요한 것을 더욱 잘해낼 수 있다.

두 번째는 '나만의 핵심 스킬을 매일 개발하라'이다. 이 말은 차별화된 나의 강점과 무기를 매일 2시간씩 단련하며 개발하라는 뜻이다. 그렇게 일주일에 10시간 이상씩 훈련하다 보면 몇 년이 지나 그 분야에서 최고의 성과를 낼 수 있는 위치에 도달한다는 내용이다. 알

다시피 100미터를 15초 내에 주파하는 사람은 정말 많다. 하지만 달리기를 통해서 돈을 버는 선수라면 웬만큼 잘해서는 돋보일 수 없다. 매일 피나는 노력과 훈련을 통해서 10초대로 진입해야 인정받을 수 있다. 무슨 일이든지 그 분야에서 인정을 받고 돈을 벌려면 뛰어난 실력을 갖추어야 한다는 말이기도 하다.

예를 들어서, 내가 꽃집으로 성공하고자 한다면 매일 꽃에 대해 공부하고 실습을 게을리 하면 안 된다. 꽃과 관련된 강의를 하거나 컨설팅을 한다 해도 마찬가지다. 여기에 나의 생각을 추가한다면, 내가 공부한 것을 더 많은 사람들과 공유할 수 있도록 매뉴얼화하는 작업이 필수적이다. 나의 핵심 스킬을 개발했다면 이것을 정리하고 체계화하면서 계속 업그레이드해나갈 수 있다.

화훼라고 하는 분야는 사실 굉장히 넓다. 웨딩, 화환, 꽃장식, 꽃다발, 관엽식물, 실내 조경, 플라워 강의, 선인장, 재배 등 여러 업종이 모여서 하나의 산업을 이룬다. 요즘은 플랫폼의 시대다. 여러 가지를 한 자리에 통합할 수 있는 시스템이 중요하다. 그리고 이를 이루고자 노력하는 사람들이 늘고 있다. 하지만 한 가지 분야에 대해서 끝이 나도록 배워보고 한 우물을 파본 사람만이 전체를 통합할 수 있는 혜안이 생긴다고 본다. 어설프게 공부해서는 그 산업의 깊이를 헤아릴 수 없다. 그래서 나도 공부를 게을리 할 수 없다.

재작년에 우연히 '우리샵'이라는 온라인 쇼핑몰 플랫폼 회사를 알게 되었다. 처음에는 그저 나의 꽃상품을 입점하여 판로를 개척하고 더 많은 상품을 판매하고 싶은 마음에 관심을 가졌다. 그래서 본사에서 진행하는 입점 설명회에 몇 번 오가면서 여러 사장님들을 만나고 인사를 나누면서 자연스럽게 꽃주문을 요청드렸다.

처음에는 사람들이 많이 모여 있는 것을 보고 이상한 다단계 판매 회사처럼 느껴지기도 했다. 소비자, 판매자, 사업자를 모두 춤추게 한다는 슬로건과 세상의 모든 가정에 우리샵을 공급한다는 비전이 마음에 들었다. 그래서 망설이지 않고 우리샵에 상품을 입점하고 본사 시스템에 맞추어 무료 창업을 통해 나만의 쇼핑몰을 구축했다.

쇼핑몰 이름도 '이대강 꽃집'으로 정하고 상세 페이지를 비롯하여 전체 디자인을 우리 회사의 콘셉트에 맞추어 모두 바꾸었다. 뒤에도 나오는 이야기지만, 이런 마케팅과 관련된 비용은 20% 정도만 자부담하고 나머지는 모두 정부 보조금으로 진행했다. 그래서 사업비용을 많이 아꼈다. 아무튼 그렇게 나의 쇼핑몰에 50여 개의 꽃상품을 등록했고 주변 사람들에게 링크를 공유했다. 블로그와 연동하여 방문자 수를 늘려보기도 했다. 그런데 우리샵 플랫폼에는 특이한 점이 있었다. 내가 올리지 않은 다른 사람의 상품이 판매되어도 적은 금액이지만 나에게 홍보수당이 발생한다는 것이었다. 그러므로 나도 좋고 다른 사업자도 좋고 회사도 좋은 시스템이라는 것이 맞는 말이었다.

우리샵이라는 플랫폼에 대해서 선입견과 편견을 가진 어느 지인은 나에게 실망했다며 다시는 연락하지 말자고 했다. 이렇게 나만의 목표를 향해 갈 때 항상 순풍만 부는 것이 아님을 실감했다. 역풍도 불고 기를 쓰고 반대하는 사람도 생길 수 있다. 하지만 그럼에도 불구하고 나의 선택이 옳고 바람직하다고 스스로 확신한다면 끝까지 밀어붙여야 한다. 자신이 하는 일이 중요하고 가치 있다고 믿을 때 지속할 수 있는 힘과 에너지가 생긴다.

결국 나는 우리샵에서 판매를 시작한 지 불과 몇 달 만에 30명 가까운 온라인 창업자를 만들었고 최근에도 두 분 더 창업시켰다.

쇼핑몰, 대표번호,
콜센터를 통째로 드립니다

꽃은 미래에도 살아남는 산업

　미래학자들은 앞으로 수십 년 내에 수백만 개의 일자리가 없어지고 다시 생겨날 것이라고 말한다. 이제는 인간이 할 수 있는 일들 중 많은 부분을 기계가 대체하고 로봇이 더 잘할 수 있는 수준까지 기술 개발이 되었다. 그렇다면 새로 생겨나는 일자리는 단언컨대 로봇이나 인공지능이 할 수 없는 일들이 될 것이다. 즉 환경친화적이고 인간지향적인 일들이다.

　이런 맥락에서 보면 현재의 꽃, 조경 산업은 미래의 트렌드와 너무나 잘 부합하는 산업이다. 다른 산업과는 다르게 실제로 살아 있는 생명체를 다루기 때문이다. 요즘 들어 프리저브드 플라워 또는 드라이플라워가 유행하고 있지만 여전히 생화를 찾는 손님이 많다. 앞서 이야기한 것처럼 인간이 생로병사를 겪는 한 꽃은 동고동락할 수밖에 없는 운명인 것이다. 더불어 사람의 손으로 만든 꽃다발과 꽃바구니는 앞으로도 계속 사람에게 생명력과 활기를 전할 것이다.

개인 대표번호, 개인 홈페이지, 콜센터, 인트라넷, 홍보지원

꽃시장을 비롯하여 대부분의 시장은 이미 오프라인에서 온라인 시장으로 옮겨왔다. 세계 최대인 아마존만 보더라도 그렇다. 에어비앤비 또한 숙박을 원하는 사람과 숙박을 제공하는 사람을 온라인상에서 연결시켜주었기 때문에 기존의 시장을 잠식할 수 있었다.

비슷하게 '플라시스템'도 77,000원 꽃집 창업으로 화훼 중계업을 하고 있는 것이다. 내가 지금 당장 오프라인에서 꽃집을 차릴 수 없는 여건이라도 이 화훼 중계 플랫폼을 활용하면 전국 1,500여 개 꽃집 가맹점을 이용할 수 있게 된다. 꽃을 필요로 하는 소비자와 연결만 시켜주면 되므로 예전처럼 직접 꽃을 생산하고 판매하고 배송까지 할 필요가 없어지게 된 것이다. 그럼 지금부터 플라시스템에서 제공하는 5가지 서비스에 대해 차근차근 설명해보겠다.

첫 번째, 개인 대표번호. 현재 플라시스템은 KT망을 이용하여 1877로 시작하는 대표번호를 각 개인 꽃사업자에게 부여한다. 이는 우리 꽃집 사장님들이 영업을 더욱 편하게 하도록 하기 위함이다. 모든 꽃 주문을 내가 직접 받고 처리하지 않아도 된다. 콜센터 직원들이 친절하게 상담해주고 배송까지 잘 처리한다. 콜센터는 부산 서면에 위치하며 꽃상품 상담부터 주문처리, 화원 연결, 배송사진 전달까지 모두 일괄적으로 처리 가능하다.

두 번째, 개인 홈페이지. 1877 번호 개통 후 2주가 되면 개인 홈페이지가 개설된다. 그리고 네이버에 자동 검색 등록까지 해준다. 쇼핑몰 상호는 내가 직접 정할 수 있다. 보통 자신의 이름으로 많이 한다. 자신의 쇼핑몰 상호를 검색하면 400개 이상의 꽃상품이 종류별로 분류된 쇼핑몰을 보게 된다.

분류된 종류는 축하화환, 근조화환, 꽃다발, 꽃바구니, 관엽식물, 동양란, 서양란이다. 고객이 마음에 드는 상품을 발견하면 상품명을 확인하고 대표 콜센터인 1877-8228로 연락하면 된다. 물론 쇼핑몰 주인을 통해 주문 접수를 할 수도 있다.

세 번째, 콜센터. 1877로 시작되는 대표번호로 걸려오는 모든 전화는 주문지원팀으로 연결된다. 고객이 이 번호로 전화를 걸어서 주문하면 나의 가상계좌로 입금된다. 이후에도 고객은 꽃이 필요하거나 경조사를 챙길 때 같은 번호로 주문하게 된다. 항상 콜센터의 전문 상담원들이 친절하고 신속하게 상담과 주문을 해결해준다.

네 번째, 인트라넷. 인트라넷은 쉽게 말하면 온라인상에 있는 나의 회계장부라고 보면 된다. 주문일자부터 주문자의 성함과 연락처, 받는 분의 성함과 연락처부터 배송일자와 주소까지 모두 기록되어 있다. 그리고 주문을 받은 화원에서는 배송 전에 상품 사진을 찍어서 인트라넷에 올려야 한다. 이를 콜센터와 내가 모두 볼 수 있다. 또한 고객이 요청하면 즉시 영수증과 계산서가 발급된다.

다섯 번째, 사업 및 홍보물 지원. 누구나 처음 창업을 하면 막막하고 어디서부터 어떻게 해야 할지 난감하다. 나 또한 처음 꽃집 창업을 하고 매출이 생겼을 때 너무 당황했고 영수증 처리는 어떻게 해야 하는지, 계산서는 어떻게 발급하는지 전혀 몰랐다. 그래도 다행히 수기로 정리한 노트가 있어서 세무신고도 하고 매출 파악도 할 수 있었다.

제일 중요한 것은 고객 정보와 고객 관리다. 주문 날짜, 고객명, 상품명, 배송처, 리본 문구 등 모든 정보를 기입해야 한다. 또한 단골 고객 관리와 재주문 응대도 세련되게 할 수 있어야 한다.

나는 엑셀 프로그램이 익숙하지 않아서 3년차가 되어서야 지인이 준 엑셀 양식에 판매대장을 적게 되었다. 이처럼 사업은 효율성이 생명이다. 똑같은 일지라도 효율적으로 시스템을 개선하지 않으면 살아남을 수 없다.

지자체에서 주관하는 여러 가지 회계교육 프로그램도 상당히 많다. 경기도 온라인 평생학습서비스 포털인 GSEEK에 접속하면 엑셀뿐만 아니라 파워포인트 등 사업에 필요한 여러 강좌를 무료로 시청할 수 있다.

또한 플라시스템은 '꽃파는 사람들'이라는 네이버 카페를 개설해놓고 있다. 회원 가입 후 각종 홍보물 자료를 받을 수 있다.

6장

창업
이렇게 시작하라 2
– 정부 지원금으로 꽃집 창업하기

나랏돈으로도
창업할 수 있다

종업원 3년을 거쳐 사장 3년을 보내며

나는 2010년 7월경 창업을 결심하게 되었다. 성과급을 주는 영업조직에서 열정적으로 뛰면서 활동을 해도 수익이 한정적이라는 판단이 들었고 창업 결심을 굳혔다. 물론 영업을 더 탁월하게 잘했다면 수익은 몇 배가 되었을 수 있다. 하지만 결국 자기 아이템을 가지고 사업을 하는 사람만이 지속적으로 원하는 만큼의 돈을 벌 수 있다고 보았다.

그래서 나는 나에게 가장 익숙하고 잘할 수 있다고 판단한 화훼업계에 본격적으로 뛰어들었다. 어릴 적부터 보아왔던 것이 화초와 나무였고, 종종 부모님이 바쁘시면 일손도 거들고 식물에게 물을 주는 일도 해왔던 터라 별다른 거부감이 없었다. 그리고 내가 꽃사업을 하면 왠지 부모님보다 훨씬 잘할 수 있을 것 같다는 막연한 자신감도 있었다.

하지만 2010년 12월, 서울의 유명 꽃집에서 직원으로 일하면서 냉혹한 현실을 알게 되고 적지 않게 당황했다. 그렇게 시작은 호기로웠지만 좌충우돌 맨땅에 헤딩하면서 꽃집 업무에 대해 하나씩 파악했다. 배송은 어떻게 하는지, 꽃 주문은 어떻게 받고, 상품 제작은 어떤 절차를 통해 진행되는지 등 구체적으로 익혀나갔다.

그렇게 약 3년간 크고 작은 여러 꽃집을 거치며 보고 듣고 느낀 경험을 바탕으로 이제 나만의 꽃집을 창업하려고 했을 때는 사실 굉장히 막막했다. 머릿속으로는 2, 3년간 꽃집에서 근무하면 가게를 차리고 운영할 만한 어느 정도의 노하우를 터득할 것이라고 생각했었다. 하지만 사업은 또 다른 영역이었다.

사업을 하려면 사업자 등록증부터 만들어야 한다는데 처음에는 사업자 등록을 하는 것이 무슨 인생의 큰일을 치루는 것처럼 굉장히 어렵게 느껴졌다. 아마도 마음속의 막연한 두려움 때문이었을 것이다. 하지만 지인에게 물어보고 인터넷의 창업 커뮤니티 카페 등을 둘러보니 그리 힘든 일은 아니었다. 여하튼 나는 2013년 7월 15일에 내 인생의 첫 사업자 등록증을 만들었고 동시에 송파구 문정동에 있는 청년창업센터라는 곳에 들어가게 되었다. 약 1년간 사무실 임대료뿐 아니라 전기, 수도, 인터넷을 지원받고 창업보육비까지 받았다. 정말 넉넉한 지원이었다. 그때 그런 도움이 없었다면 나는 영원히 창업을 못 했을 수도 있다고 생각한다.

　누구나 창업을 한 번씩 꿈꾼다. 하지만 어디서부터 어떻게 시작해야 할지 막막하다. 그런 초보 창업가에게 창업할 수 있는 환경을 제공해준다는 것은 사실 엄청난 것이다. 단순히 사무실을 무료로 쓸 수 있게 해줘서가 아니다. 또는 창업보육비 때문만이 아니다. 나와 같은 생각으로 창업을 시작한 사람들을 한 자리에 모여들게 하고 정보를 교환하고 함께 고민하는 자리를 제공해주었다는 점에서 가장 감사하다.

　또한 나처럼 늦은 나이까지 공부를 하느라 사회 경험이 다소 부족한 사람일지라도 창업을 통해 인생을 개척해나갈 수 있다는 신념과 용기를 주었다는 면에서도 정부가 준 혜택이 참 크다. 나는 그렇게 창업 첫해에 약 2,000만 원의 혜택을 받았고 코엑스 선물박람회에 참여할 수 있는 기회도 얻었다. 다행히 창업 수행 실적이 나쁘지 않아 1년간 창업센터 이용을 연장 지원받게 되었다. 또한 창업진흥원에서 주최하는 1인 창조 마케팅 지원사업에 채택되어 차량 전체를 꽃으로 장식하는 등 다방면에 홍보비로 잘 쓰게 되었다. 3년차가 되었을 때는 감사하게도 경기도 일산에서 청년장사꾼으로 활동하게 되면서 임대료, 인테리어 공사 비용 등 많은 지원을 받았다. 그래서 정확한 계산은 어렵지만 창업을 하고 나서 3, 4년간 정부 및 기관으로부터 최소 1억 원 이상의 혜택을 누렸다.

　이렇게 부지런한 손과 발만 있다면 누구나 지원을 받을 수 있다. 실제로 나와 같은 창업센터에서 밤샘 근무를 마다하지 않던 어떤 기업은 이후에도 피나는 노력과 도전을 통해 더 많은 지원과 후원을 받았고 현재 기업 가치 1,000억 원이 넘는 회사로 성장했다. 또한 문재인 대통령과 포옹을 하며 신문에 대서특필될 정도로 눈부신 성과를 낸 기업도 있다. 주변에 정부지원금을 통해 성장하고 성공한 기업은 정말 수도 없이 많다. 그런 사람들 모두 개인의 노력도 있겠지만 정부가 마련해준 창업생태계를 적극적으로 활용한 덕분이라고 생각한다.

그래서 자본과 경험이 많지 않은 초보 창업가라면 나라에서 지원하는 여러 제도와 플랫폼을 잘 활용하기를 바란다. 또한 소상공인 컨설팅과 무료 멘토링을 통해서 리스크를 최소화하고 성공적인 비즈니스 모델을 만들어나갈 수도 있다.

하지만 정부지원에 꼭 좋은 것만 있다고 말할 수는 없을 것이다. 각 개인의 독립적인 창업가 정신을 나약하게 만들 수도 있다. 내가 능력만 된다면 정부 보조금에 의지하지 않고 스스로의 노력과 힘으로 매출을 일으켜 사업자금과 자본금을 마련할 수 있다면 더할 나위 없이 좋겠다. 예를 들어 나는 창업자금으로 1년에 1억 원을 주는 중진공에서 시행하는 '청년창업 사관학교'에 4년간 네 번 떨어졌고, 창업자금 7,000만 원을 주는 창진원에서 시행하는 '스마트벤처캠퍼스'에 2년간 두 번 불합격했다. 그동안 쓰인 나의 시간과 에너지는 누가 보상해주지 않는다. 어디까지나 창업자의 선택이다. 나랏돈으로도 창업에 도움을 받아서 성공의 발판을 마련할 수 있다는 이야기이니 열 일 제쳐두고 정부지원금에만 목숨을 거는 일은 자제하면 좋겠다.

시작 페이지는
창업넷으로

예상컨대 우리나라 사람 30% 이상은 인터넷 시작 페이지가 네이버일 것 같다. 정보도 많고 무엇보다 익숙하기 때문이다. 컴퓨터 화면 어느 위치에 어디쯤 무엇이 있는지 자동적으로 알게 되니 찾기도 쉽고 재접속하기도 좋다. 하지만 나는 창업을 마음먹었거나 이미 창업 중이라면 창업넷(www.k-startup.go.kr)을 메인 페이지로 지정하기를 추천한다. 즉 창업넷에 매일 한 번 이상 접속하라는 것이다.

창업넷에 처음 방문한다면 그 안의 내용이 무슨 말인지 하나도 모를 수 있다. 나 또한 그랬고 지금도 모르는 용어가 적지 않을 만큼 계속 새로운 정보가 업데이트된다. 그래도 최소한 6개월에서 1년 정도 매일 들어가 보면 보물 같은 정보들을 캐낼 수 있게 된다. 새로운 창업 용어도 익히고 1년간 정부지원사업이 어떻게 전개되는지 그 흐름을 알 수 있다. 그러다 보면 정부 보조사업의 목적과 의도를 알게 되면서 최종 합격률도 높일 수 있다.

이제 막 창업을 시작하려는 예비창업자나 1년 미만의 창업자라면 최소한 3년간은 정부 보조금 혜택을 받을 수 있다. 그러니 한 번 지원받은 것으로 만족하지 말고 계속 도전하기를 바란다. 내가 아는 유아용품 여성 대표도 3년 동안 매해 굵직한 정부지원사업에 채택되어 자금과 마케팅에서 꽤나 큰 혜택을 받았다.

나의 경우에는 서울산업진흥원인 SBA의 청년창업 1000 프로젝트에 최종 합격했다. 난생처음 받은 것이라 처음에는 어리둥절하고 뭐가 뭔지 몰랐지만 한 달 두 달 창업 활동을 하면서 여러 혜택을 누리게 되었다.

지원할 때 사업계획서를 처음 써보았다. 그래서 이미 사업하고 있는 여러 선배님들에게 찾아가 보여드리면서 이 아이템이 사업이 될 것 같은지 객관적으로 봐달라고 묻고 또 물었다. 그리고 손익분기점을 계산할 때는 창업학원에 연락하고 방문하여 이것저것 상담하고 물어보았다. 학원 원장님께 나의 사업계획서를 메일로 보내면서 검토해 달라고 부탁드렸는데 원장님이 그 학원의 손익분기점이 담긴 사업계획서를 보내주셔서 적지 않게 당황하기도 했다. 내가 생각한 것보다 사업계획서라는 게 상당한 지식과 검증이 필요하다는 것을 느낀 순간이기도 했다. 여하튼 그렇게 고생 끝에 최종 지원을 했고 감사하게도 합격을 했다.

한 가지 팁을 전하자면, 정부지원사업에 지원할 때는 하루 전까지는 제출하거나 적어도 마감 몇 시간 전에는 제출을 끝내라는 것이다. 그러지 않으면 나처럼 마감 10분을 남겨놓고 인터넷 서버 오류가 발생할 수 있다. 자칫하면 수 개월간 준비한 노력이 수포로 돌아갈 수도 있다.

2013년부터 5년간 1억 원 이상의 지원을 받으면서 조금씩 사업을 성장시켰는데, 그동안 지원했던 횟수는 총 스무 건 정도 될 것이다. 그중에서 합격한 것이 4개로 나의 합격률은 20% 정도다. 창업넷 사이트에 매일 접속하면서 여러 가지 지원사업에 문어발식으로 지원하고 준비하는 것도 좋지만, 꼼꼼히 살펴보고 나에게 꼭 필요한 사업에만 문을 두드리는 것이 좋다. 일단 통과되면 중복으로 지원받을 수 없게끔 되어 있으므로 절대로 돈만 보고 지원하지 말아야 한다.

금액으로만 생각한다면 한 번에 3,000만 원, 5,000만 원씩 지원해주니까 1, 2년 사업해서 얻는 순수익에 비해 낮다고 생각하면 오산이다. 이것이 지름길처럼 여겨질 수 있지만 사업에 결코 지름길은 없다 생각하고 정도를 걷는 게 현명한 길일 것이다. 쉽게 오는 것은 쉽게 간다. 대가를 치르고 고생해서 번 돈은 그만큼 가치가 있다. 현재 유지하고 있는 사업에 충실해야 한다. 언제나 본 목적이 선행 과제다. 정부지원금에 몰두하다가 손님 응대도 제대로 못한다면 결국 망하는 지름길이 될 것이다.

솔직히 나도 오늘 손님 몇 분 놓친다고 매출에 타격이 없을 것이라 여기고 정부지원사업 접수 마감 당일이나 전날에 휴대폰을 꺼놓고 사업계획서 수정에 집중한 적이 많다. 지금 생각해보면 소탐대실이 아닐 수 없다. 고객 신용이 무너지면 정부지원금 1,000만 원도 소용없는 것이다.

그렇다면 그 많은 정부지원사업 중 무엇부터 시작하면 좋을까? 기사를 보니 스타트업 기업의 최고 조력자 순위는 창업진흥원, 창조경제혁신센터, 서울산업진흥원이라고 한다. 보통 중소기업진흥공단을 줄여서 중진공, 소상공인진흥공단을 줄여서 소진공, 창업진흥원을 줄여서 창진원, 중소벤처기업부를 줄여서 중기부라고 부른다. 처음에는 명칭들이 비슷하고 가끔은 내용면에서도 겹치는 사업들이 있기 때문에 헷갈릴 수 있다. 하지만 자꾸 사이트에 들어가 보다 보면 익숙해진다. 시간이 답이다.

특히 꽃과 관련된 아이템들은 소상공인진흥공단에서 지원해주는 경우가 많지만 꼭 이곳에만 국한된 것은 아니다. 만약 내가 전통적인 오프라인 꽃집을 창업한다면 소상공인진흥공단에서 교육, 컨설팅, 협동조합 지원사업, 전통시장 활성화 관련 사업으로 지원해보는 것이 좋다. 하지만 화훼 아이템이라고 하더라도 IT를 접목한 기술창업이거나 제조, 플랫폼, 지식 서비스 형태의 창업이라면 창업진흥원이나 중소기업진흥공단의 지원을 받는 것이 현명할 것이다.

참고로 정부지원금 전문 컨설턴트 이정미 저자의 《정부지원금 누구나 5000만원 받을 수 있다》가 도움이 되니 추천한다. 이 책에는 대학생, 소상공인, 여성, 재도전자, 10년차 이상 베테랑 사업가에게도 유용한 정보가 많으니 많은 도움이 될 것이다.

아래는 내가 창업한 이후 종종 들려서 정보를 얻는 카페다. 카페나 커뮤니티를 활용하면 정보만 얻는 것이 아니라 세미나, 특강, 모임을 통해 창업 파트너와 멘토를 만날 수 있다. 절호의 기회가 될 수 있으니 적극적으로 활용해보기를 바란다.

네이버 창업 및 꽃집 관련 카페 (2018.11. 09 기준)

번호	비고
1	창업나라 cafe.naver.com/navernover, 회원수 405,469명
2	창사영(창업, 사업, 영업 아이템) cafe.naver.com/bluemp3, 회원수 190,696명
3	스타트업경영연구소(스경영) cafe.naver.com/startupad, 회원수 15,265명
4	아프니까 사장이다 cafe.naver.com/jihosoccer123, 회원수 217,205명
5	꽃집사람들 cafe.naver.com/ourflower, 회원수 16,279명
6	꽃파는 사람들 cafe.naver.com/flowerpeople1, 회원수 347명 (사업자만 가입)

다음 창업 및 꽃집 관련 카페 (2018.11. 09 기준)

번호	비고
1	꽃사랑 cafe.daum.net/leeflower, 회원수 67,575명
2	플로리스트들 cafe.daum.net/artflowers, 회원수 18,121명

매일 5분,
장부 적기로 돈이 오게 하라

관계의 잔고를 늘려가라

사업의 목적은 이익을 남기는 데 있다. 아무리 매출이 높아도 매입이 많아서 순이익이 남지 않는다면 그 기업은 오래가지 못할 것이다. 하지만 더 큰 이윤을 만들기 위해서 결정적인 순간에 손해를 감수하고서라도 장사를 하는 것은 전략이라 생각한다. 결국에는 사람의 마음을 얻어서 사람을 남기면 더 많은 사람을 남기게 된다고 할까. 적어도 나의 경우에는 그랬다. 몇 년 전 벌이가 너무 없을 때, 평소 존경하는 교수님의 강의를 듣고자 경비를 마련하다가 도저히 매출이 나오지 않아서 그냥 포기하려고 했다. 하지만 방법을 찾으려고 하다 보니 답이 나왔다. 일시불이 안 되니 분납으로 결제하면 되겠다고 생각했다. 어차피 교수님도 종종 꽃을 주문하실 테니 수강료를 앞으로의 꽃 주문으로 차감하면 어떠실지 말씀드렸다. 처음에는 좀 황당해하시다가 정 간절하다면 그렇게 하라고 말씀하셨다.

강의를 듣고 나서 정말 신기하게도 사업의 맥을 잡는 느낌이었다. 그리고 너무 감사해서 아는 지인들에게 그 강의를 추천하고 다녔다. 결국 교수님은 나의 마음을 감동시킨 것이다. 그래서 내가 자발적인 홍보대사가 된 것이다.

우리는 현재 초연결시대라고 일컫는 4차 산업혁명 시대를 살고 있다. 다시 말해, 관계가 중요해지면서 개인의 파급력 또한 엄청나게 증대되었다. 눈에 보이는 매출뿐만 아니라 눈에 잘 보이지 않는 가치를 창출하고 제공하다 보면 결국 돈이라는 가치로 돌아오게 된다. 그러므로 오늘 당장 매출이 적다고 해도 나의 가치를 높이는 행위를 멈추어서는 안 된다.

어린 왕자가 중요한 것은 눈에 보이지 않는다고 얘기했듯이 '관계 가계부'의 잔고는 사람들을 진실한 마음과 정성으로 대할 때 늘어간다. 언젠가는 그 가치를 알아보고 돈을 지불하는 날이 올 것이기 때문이다. 그런 의미에서 매일 3명 이상에게 진심을 담아 칭찬하기는 관계 가계부의 수익을 늘리는 데 큰 도움이 될 것이다.

다음의 장면을 상상해보자. 그대는 목이 좋은 자리에 플라워샵을 차렸다. 상쾌한 발걸음으로 오전 9시까지 출근하여 30분간 정리와 청소를 하고 30분 동안은 이메일과 주문서를 확인한다. 그리고 10시에 오픈한다. 진열대 위치도 살짝 바꾸어보고 꽃을 다듬고 있는데 인상 좋은 첫 손님이 활짝 문을 열고 들어온다. 시원하게 30만 원짜리 꽃바구니를 주문하더니, 오후에 정해진 시간에 맞춰 50만 원짜리 개업 축하 화분까지 보내달라고 한다. 오늘 따라 일진이 너무 좋아서 싱글벙글 기분 좋게 웃는다.

정성을 다해서 상품을 제작하고 배송기사님을 불렀다. 그런데 상품을 기사님께 전달해드렸는데 실수로 인수증을 떨어뜨리고 가셨다. 이 상황에서 여러분은 어떻게 하겠는가? 인수증이라고 하면 꽃상품을 배달하기 위한 일종의 송장 같은 것이다. 간단한 상품 내역과 배송지 주소와 연락처 등이 기재되어 있다. 이런 일이 나에게 일어난 적은 없지만 없으리라는 법도 없다. 그래서 보통은 회계장부에 적고 인수증을 2장 만들어서 한 장은 배송기사님에게 드리고 한 장은 샵에서 보관한다. 그리고 배송 후에는 전화를 걸어 상품에 대한 만족도를 확인하거나 재구매를 위한 감사인사를 한다.

화원사마다 꼼꼼히 챙기는 곳도 있고 그러지 않는 곳도 있지만 고객에게 최상의 서비스를 제공하고자 한다면 문자나 전화를 남기는 것이 좋다. 그러면 긍정적인 이미지를 오랫동안 남길 수 있다. 보통 남자 직원은 꽃집에서 무거운 상품을 들거나 배송을 하는 업무를 많이 맡는다. 나 또한 꽃집에서 종업원으로 일할 때 행정업무를 경험해 보지 못했다. 그래서 창업 후 적지 않은 고생을 했다.

꽃집 창업 전에 꽃집 운영에 대한 전반적인 행정 프로세스를 익힌다면 많은 도움이 될 것이다. 보통 한 꽃집에서 최소한 2, 3년간 근무해봐야 웬만한 업무를 수월히 처리할 수 있다. 나는 처음 꽃집을 열고 거의 2년간 공책에 줄을 쳐서 고객 정보와 배송 사항을 기입했다. 엑셀 프로그램에 익숙하지 않은 이유가 가장 컸지만 주문이 언제 어디서 올지 모르는 상황이라 늘 주문노트를 가지고 다녔기 때문이다.

하지만 고객수가 많아지고 고객 유형이나 주문 일자에 따라 분류하고 고객관리를 해야 하면서 주문노트와 엑셀 작업은 필수가 되었다. 엑셀을 잘 못하더라도 요즘에는 행정업무 프로그램이 잘 만들어져서 걱정할 필요가 없다. 제일 인지도 높은 행정 프로그램은 뉴런이라는 회사에서 만든 '로즈웹' 프로그램이다. 또한 '뷰티플라워닷컴'이라는 프로그램도 있으니 충분히 알아보고 선택해서 쓰시길 바란다.

두 프로그램 모두 고객 정보와 주문 정보를 정리해주고 배송지 주소, 기념일까지 기록된다. 그리고 인수증과 계산서까지 발급되기 때문에 여기 저기 힘들게 메모할 필요가 없다. 다만 매월 관리비가 부과되기 때문에 이 부분은 고정비로 계산해놓아야 한다.

프로그램 사용법에 대해서는 동영상으로 알려주기도 하지만 로즈웹의 경우에는 설치기사님이 직접 오셔서 간단한 설명도 해준다.

모르는 부분이 있다면 빠짐없이 물어보면 된다. 프로그램 내용을 충분히 숙지했지만 업무를 하면서 알아가는 내용도 있다. 수시로 본사 고객센터에 전화하여 업무에 필요한 모든 기능을 완벽히 익히길 바란다.

또한 일반적인 자영업자, 소상공인, 중소기업에 최적화된 행정업무 엑셀 프로그램도 인터넷에 검색해보면 많다. 특히 '비즈폼'과 '예스폼'이 유명하다.

매일 저녁 거의 모든 장사가 마무리될 즈음 단 5분이라도 짬을 내서 정리하는 습관을 들이면 나중에는 절로 계산이 척척 진행될 것이다. 나의 경우에는 주문이 별로 없을 때는 2, 3일치를 몰아서 한 적도 있다. 하지만 아무리 바빠도 매출기록부는 반드시 작성하여야 한다. 매출로 이어지지 않았다고 해도 상품 문의를 했던 고객이나 유망 고객의 경우에는 반드시 메모를 해두었다가 부담스럽지 않은 선에서 2차 영업을 하면 나의 고객이 될 확률이 더욱 높아진다. 그리고 무엇보다 한 번 우리 가게와 인연을 맺은 손님은 끝까지 최선을 다하여 단골고객이 될 수 있도록 해야 한다. 신규 고객을 발굴하는 것보다 기존 고객을 관리하는 것이 비용이나 에너지 면에서 훨씬 탁월하기 때문이다.

마지막으로 국세청 홈페이지에 들어가면 간편장부 기입법에 대한 상세한 동영상 교육이 있다. 거창한 매출매입기록부가 아니더라도 간편하게 작성한 것을 잘 모아두고 기록하면 소득세 신고 시 홈택스를 통해 혼자서 어렵지 않게 할 수 있다. 국세청, 홈택스, 간편장부, 매출매입기록부, 로즈웹 등은 꽃사업을 한다면 익숙해지고 친해져야 할 용어이자 사이트들이다. 한꺼번에 모든 것을 소화하려 하기보다는 매일 15분 또는 30분씩 쪼개서 공부하고 소화해나가면 된다. 그러면 어느새 행정 전문가가 되어 있을 것이다.

지하철역에서 광고판을
잘 보아야 하는 이유

철도 산업정보센터 통계자료에 의하면 수도권 2호선 지하철의 일평균 승차인원은 약 3만 명이라고 한다. 그중 한 명은 나였고, 교대역에서 나의 운명을 바꾼 일이 벌어졌다. 교대역에서 '청년창업 1000 프로젝트'라는 SBA에서 진행하는 창업지원 프로그램 포스터를 발견했기 때문이다. 그리고 지원했고 합격했다. 약 2년간 무상으로 사무실을 쓰고 전기와 수도, 인터넷을 쓰게 된 것이다. 게다가 여러 창업 전반에 대한 컨설팅을 지속적으로 받을 수 있었다.

2013년에 창업을 한 계기를 거슬러 올라가 보면 2010년 7월에 한 생각이 시작이었다. 아직도 잊히지 않을 만큼 강렬한 결심이었다. 사실 어떤 직종으로 창업을 하겠다는 구체적인 계획은 없었지만 막상 창업을 결정하고 나니 그다음에는 나에게 가장 익숙한 꽃집 창업을 해야겠다는 결심으로 이어졌다. 그 결심은 또한 내가 꽃집에서 종업원으로 일하게 했다. 그렇게 약 3년 동안 아르바이트와 종업원 생활을 하면서 어떤 꽃집을 해야겠다는 구상을 해나갔다. 또한 우연한 기회에 독일 플로리스트 공부를 하게 되었고 아버지의 도움으로 독일에도 잠시 다녀오게 되었다. 그때 창업 아이템이 정해졌다. 독일에서 조경박람회에 갔는데 화분에 대한 매력을 느껴 창업을 결심하게 된 것이다.

결국 창업을 하고 싶다는 강한 결심이 여러 가지 상황으로 이어졌고 사람들을 계속 만나게 하였다. 2013년 7월 15일, 내 인생 최초로 사업자 등록증을 내면서 SBA 창업센터로 입주하게 되었다. 그러면서 나의 장점이기도 한, 마음먹은 것을 바로 실천하는 능력 덕분에 1,000피스짜리 퍼즐을 맞추듯이 한 단계씩 창업이 진행되었다. 이처럼 무슨 일을 하든 결심과 결단이 제일 중요하다. 이후에는 하나씩 실천해보는 과정에서 생각지도 못한 뜻밖의 좋은 길과 행운을 얻게 된다고 본다.

처음부터 모든 것을 계획하고 시작하는 것도 좋지만 70% 이상만 준비되어도 시작하는 것이 나을 수 있다. 더 빨리 시작하여 부딪치며 실패하며 교훈을 얻고 더 크게 성공할 수도 있다. 미국의 실리콘밸리에서 성공한 창업자들도 평균 3번 이상의 실패를 경험하였으며, 유태인들도 실패를 교훈 삼아 훈련하는 것이 큰 부를 이루는 가장 중요한 비결이라고 이야기한다.

2013년 5월경 어떻게 자본을 마련하고 사업을 전개해나갈지 구체적인 계획이 없었다. 그러나 왠지 계속 가다 보면 성공할 것이라는 확신은 있었다. 그래서 실패가 별로 두렵지 않았고 나의 태도를 올바르게 가꾸어 유지해나가는 것이 가장 중요하다고 생각했다. 그렇게 나는 마음속에서 창업에 대한 의지를 키우고 있었다. 그러다가 교대역에서 창업지원 포스터를 발견하게 되었다.

사실 그때만 해도 정부에서 창업지원을 해준다는 것을 전혀 몰랐다. 창업과 재창업자를 위한 국가 예산이 1조 원이 넘는다는 것도 몰랐다. 1년 동안 사무실을 무상으로 임대해준다는 것과 매월 사업비를 최소 50만 원에서 100만 원을 지원한다는 소식에 너무나 기뻐서 시작을 하게 되었지만, 지금은 창업자금을 몇 억 원씩 지원해주는 기관들도 알게 되고 융자와 투자를 하는 곳도 꽤 많다는 사실을 알게 되었다.

지금도 정부자금을 활용하여 창업할 수 있다는 사실을 모르는 사람이 많을 것이다. 그리고 잘못된 정보와 편견으로 정부지원사업을 나쁘게 해석하는 사람들도 있다. 어디까지나 예비 창업자와 창업자의 선택이고 그에 대한 책임은 본인이 져야 한다. 대신 정부에서 지원해준다고 하여 창업에 대한 태도를 제대로 정립하지 않은 상태에서 섣불리 도전한다면 리스크가 따를 수 있다. 그리고 어떤 사람은 창업보다는 취업을 하는 것이 성격과 기질에 맞을 수 있다.

정부지원 사업을 잘 활용하여 많은 수혜를 받아서 크게 성장한 기업도 있지만, 그 반대인 기업도 적지 않다. 그러므로 남들이 많이 가는 길이라고 나도 무작정 따라가기보다는 나의 강점과 역량을 온전히 성찰하고 나서 창업 시장에 뛰어들어도 결코 늦지 않다.

창업은 단순히 돈을 많이 벌기 위한 행위가 아니다. 내가 중요하게 생각하는 인생의 가치들을 가장 나다운 방법으로 가장 효율적으로 가급적 오랫동안 전달하는 것이다. 이 점을 간과하지 말고 부디 위대한 결정을 하기를 바란다. 그리고 내가 내린 결정들은 그 자체만으로도 가치가 있으며 스티브 잡스가 말한 것처럼 모든 결정이 연결되어 밤하늘의 별자리처럼 아름다운 역사를 만들어갈 것이다.

20대 초반에 몇 가지 아르바이트를 했는데 지금도 기억에 남는 것이 지하철역 앞에서 전단지를 나누어주던 것과 전봇대에 포스터를 붙이던 일이다. 처음에는 어색하기도 하고 손도 시렵고 불편했지만 막상 해보니 그것만큼 편하고 좋은 아르바이트도 없었다. 내가 유난히 지하철 벽보를 주의 깊게 보는 경향이 생긴 것도 그때의 경험 때문일 수 있다. 그리고 창업 이후에 그때의 경험과 기술 덕분에 지나가는 행인 앞에서도 쭈뼛거리지 않고 신속하게 홍보물을 나누어 줄 수 있었다.

이렇게 창업은 그동안 경험한 모든 것을 내 마음대로 활용하는 종합예술이 될 수 있다. 그러므로 아무리 사소한 나의 과거일지라도 내가 자부심을 가지면 가치를 발현할 날이 오게 된다.

그리고 지하철이나 버스 등 공공장소에 광고를 낼 수 있을 정도라면 공기업이거나 규모가 작지 않은 회사일 것이다. CEO 조찬모임을 통해서 알게 된 대표님 중에 옥외광고를 30년간 하신 분이 있다. 그분 말씀으로는 지하철 1~4호선의 스크린도어를 통해서 광고할 수 있는 타깃이 600만 명이 넘는다고 한다. 그러므로 여기에 광고를 할 때는 문구 하나 디자인 하나에도 많은 정성이 들어갈 것이다.

꼭 플라워 업종이 아니더라도 지하철 광고가 사람의 이목을 집중시키고 설득하는 방법을 잘 본다면 트렌드를 살필 수 있다. 좋은 문구나 디자인은 내 사업에 적용하여 성과를 낼 수 있다. 항상 오픈된 마인드와 긍정적인 자세를 지닌다면 창업가에게는 생활의 모든 영역이 공부가 되고 기회가 될 것이다.

7장

절대 공개하지 않았던
노하우

FLOWER SHOP

독일 화훼도매시장
vs 한국 화훼도매시장

우리나라 사람들은 1년 동안 꽃을 얼마나 살까? 통계자료에 의하면 2015년 기준으로 13,000원가량 소비했다고 한다. 이 수치를 보면서 책 한 권의 가격과 비슷하다는 생각이 들었다. 어떤 사람은 1년에 책 1권도 읽지 않지만 누군가는 한 달에 10권 이상을 보기도 한다. 꽃이나 식물에 대한 소비도 어쩌면 출판 시장과 비슷한 면이 많다고 느꼈고 개인의 취향에 따라 좋아하는 꽃도 천차만별이다. 참고로 다른 나라의 일인당 꽃 소비액을 보면 대략 일본 67,000원, 러시아 40,000원, 네덜란드 150,000원이다.

누군가는 5,000원짜리 화분도 돈이 아까워서 사지 않는다. 또 어떤 사람은 500만 원짜리 화분을 사서 큰 만족감을 느낀다. 결코 비싸다고 잘 안 팔리는 것도 아니다. 우리 부모님의 가게에서도 수백만 원짜리 화분을 거침없이 결제하는 분이 가끔 있다.

우리나라 화훼시장은 식물 마니아층 기반으로 소비가 이루어지다가 점차 대중적인 일상의 꽃문화로 바뀌어가고 있는 추세다. 특정일이나 기념일 등 행사와 선물 위주가 많았지만 여러 화훼 단체나 실력 있는 꽃집들의 행보로 점점 대중에게 꽃과 식물이 친숙한 존재로 여겨지고 있다.

일본의 경우는 아오야마 플라워마켓이 대표적이다. 꽃의 대중화라는 브랜드 콘셉트로 'Living with Flower Everyday'라는 슬로건을 내걸고 있다. 누구나 쉽게 꽃을 보고 즐길 수 있는 문화를 만들겠다는 뜻으로 제대로 성공했다. 프랜차이즈 형태를 확장하기 위해서 역 주변으로 상점을 배치했고 동전 한 개로 살 수 있는 키친부케를 주요상품으로 마케팅했다. 실제로 보관 냉장고를 없애고 빠른 회전을 통해 판매량을 늘리기도 했다. 또한 위클리 플라워라고 하여 매주 새로운 꽃으로 감성을 일깨워준다. 계절별로 제철꽃을 사용한 것도 소비자들의 니즈를 충족시키는 데 한몫했다.

아오야마 플라워마켓의 이노우에 히데아키 사장은 꽃에 대해서 다음과 같이 말했다. "식물 안에는 부자연스러움과 직선이 없다. 꽃가게와 그린에 둘러싸인 생활은 결코 사치스럽지 않고 인간의 본능에 따른 자연스러운 삶의 방법이라고 생각한다." 그래서 1분 1초라도 더 많은 사람이 쉽게 꽃을 즐기고 느끼길 바라며 "꽃이 시드는 것은 자연스러운 원리이고 시들면 다시 계절에 맞게 새롭게 피어나는 다른 꽃을 즐기면 된다"고 말한다. 이는 마치 우리가 제철과일이나 생선을 먹듯이 꽃도 자연의 섭리에 맞게 즐기는 것이고 우리의 행복을 위해 필요하다는 것이다.

일본의 화훼문화는 우리나라보다 세련되고 앞서가는 부분도 없지 않다. 지금 한국에서 성행하는 프리저브드 플라워도 일본에서는 10년 전부터 유행했던 아이템이다. 반면에 지금의 중국은 한국에 비해서 디자인이나 세련미가 떨어진다. 작년과 재작년에 중국의 이우시장과 위해에서 꽃집들을 유심히 살펴보았는데 꽃의 선도나 포장 상태가 엉망이었다. 직원들의 서비스도 기대 이하였다. 하지만 중국의 이우시장에서 본 프리저브드 플라워, 드라이플라워, 화훼자재 및 소품은 디테일이 훌륭하고 종류도 많았다. 우리는 각국의 화훼문화와 시장현황에 대해서도 더 큰 관심을 가지고 연구해볼 필요성이 있다고 본다.

독일 도매시장이 한국의 10배?

2012년 독일 국가공인 플로리스트 자격증을 준비하던 시절, 마지막 코스로 3주간 현지 방문 세미나를 하고 관할 지역 화훼도매시장을 견학하고 조경박람회를 보았다. 정확히 함부르크인지 쾰른이었는지 기억은 안 나지만 화훼도매시장에 들어서는 순간 입이 다물어지지 않았다.

어떻게 비유해야 할까. 서울 양재 꽃시장 면적의 10배 이상은 되어 보였다. 일단 우리나라 화훼시장과 크게 달랐던 부분은 규모 말고도 꽃의 보관방법이다. 워낙 꽃과 식물이 많아서일 수도 있지만 꽃을 담는 양동이 같은 것이 한국과는 확연히 달랐다. 여러 개를 포개어 높이 쌓을 수도 있었다. 그리고 한국 것은 동그란데 독일의 것은 네모난 형태였다. 운반이 용이할 뿐만 아니라 꽃 위에 또 꽃을 쌓을 수 있는 구조였다.

소비자들이 고르기도 쉬웠다. 그리고 무엇보다 상인들의 표정에 자부심과 여유가 넘쳤다. 한국의 화훼도매시장에서는 굳이 가격을 붙여놓고 판매하지 않는다. 그래서 꽃을 사러 가면 어쩔 수 없이 매번 물어봐야 한다. 같은 꽃이라도 어제와 오늘의 시세가 다르다. 그러니 정찰제로 팔 수 없고 가격표를 붙이기가 힘들다. 고객 입장에서는 여간 불편한 것이 아니다. 자금에 맞게 꽃을 구매해야 하는데 매번 가격을 물어서 셈해야 한다. 가게마다 그렇게 물어보는 손님이 하루에도 수십 명에서 수백 명일 것이다. 그러니 한국 화훼도매시장의 상인들은 피곤하고, 손님도 불편하다.

독일의 도매시장에는 대부분 가격이 쓰여 있었다. 환율만 계산해서 꽃을 사면 되었다. 플로리스트 시험의 마지막 꽃장식을 위해 50만 원 예산으로 꽃을 구매해야 했는데 가격을 모두 확인할 수 있으니 계획한 대로 정확히 구매할 수 있었다. 우리나라 도매시장도 정찰제 형태로 가격표를 붙이고 팔 수 있다면 소비자와 상인 모두 참 좋겠다는 생각을 해보기도 했다. 하지만 아직 시스템적으로나 의식적으로나 개선해야 할 부분이 많다.

꼭꼭 숨어 있는
꽃 도매상가를 알려주마

꽃집을 운영하는 데 있어서 절대가격, 절대품질이라는 것은 어떻게 적용할 수 있을까? 일단 원가를 낮추기 위해서는 질 좋은 제품을 파는 도매시장을 잘 알고 있어야 한다. 우리가 직접 화훼농장을 운영하지 않는 한 어디선가 재료를 구해 와야 한다. 음식도 신선한 재료가 맛을 좌우하듯이 꽃상품도 일단 기본 재료가 좋아야 한다.

그다음에는 내가 어떻게 이 상품의 가치를 높이고 고객만족과 감동을 끌어낼 수 있을지 연구해야 한다. 이제 가성비를 넘어서서 '가심비'를 중요하게 생각하는 시기가 왔다. 성능도 물론 좋아야 하지만 이제는 심리적 만족감도 중요하다.

그래서 판매자들은 스토리텔링이나 브랜딩을 통해서 상품의 가치를 높이고 감동적인 메시지를 전달하기 위해 주력한다. 브랜딩이라는 게 하루아침에 되는 것은 아니지만 우리는 스스로의 제품과 서비스가 평범을 넘어 비범하도록 노력해야 한다.

혹자는 이것을 핑크펭귄 전략이라고도 한다. 수많은 일반 펭귄 무리에서 유독 멋져서 선택의 고민조차 필요 없는 '군계일학'의 상품을 만들어내는 것이다. 타고난 DNA부터 다른 그런 때깔 좋은 꽃과 식물을 구하는 것이 급선무가 될 것이다. 그러고 나서 하이엔드 전략이나 상류층을 겨냥한 프리미엄 상품을 만들면 금상첨화가 될 것이라 믿는다.

지금부터는 수도권을 비롯한 전국 화훼 도매시장을 공개하고자 한다. 수도권 지역에서 내가 직접 가본 곳은 나의 생각을 첨부하였고 그렇지 않은 곳은 플로라에서 발간된 《플로리스트 가이드북》의 정보를 취합하였다.

일찍 일어나는 새가 좋은 먹이를 잡는다는 말이 있듯이 일찍 새벽시장에 나오면 남들보다 좋은 꽃을 구할 수 있다. 그리고 일정 자격이 되면 양재 꽃시장에서 경매도 할 수 있으니 사이트를 통해서 문의해보길 바란다.

꽃시장은 최소한 주 1회 이상 가서 신상품을 체크해보고 시장의 분위기와 트렌드를 확인해보아야 한다. 좋은 꽃을 구별하는 법은 금방 익힐 수 없다. 자꾸 보고 꼼꼼히 관찰하면서 스스로 터득해야 한다. 그래서 시간이 필요하다. 좋은 꽃을 고르는 법에 대한 책들도 있으니 참고하길 바란다.

생화 및 관엽식물 전국 꽃 도매시장

서울 지역에서는 양재 꽃시장과 서울고속버스터미널 꽃시장을 많이 간다. 기호에 따라 양재동이 좋다는 분도 있고, 고속터미널 상가 꽃이 더 좋다고 하시는 분도 있다. 꽃집마다 취급하는 품목이 다르다 보니 여러 의견이 나올 수 있다. 참고로 서울고속터미널은 경부선과 더불어 호남선 터미널 쪽에 도매상가가 있고 터미널 지하상가에도 꽃집이 몇 군데 있다.

1. 양재 꽃시장: 서울시 서초구 양재동 232번지 / 02-579-8100

정식명칭은 한국농수산식품유통공사 화훼공판장이다. 부지면적은 2만 1,140평, 시설면적은 1만 1,238평이다. 주요 시설은 2004년도 기준으로 경매장(4,035개), 중도매인(1,950명), 화환점포(1,174개), 분화온실(3,625개), 자재점(353개), 사무실 및 기타(101개) 등이다. 출하 농가 수는 1만 3,000여 명, 출하 단체는 222개이고, 하루 평균 경매금액은 1억 원을 넘는다. 운영 목적은 화훼산업 종합 유통센터 육성을 통한 수출 전진개발기지 활용, 꽃수급 안정과 농가소득 작목 개발, 화훼류 유통체제 정비를 통한 공정거래 확립, 세계무역기구(WTO) 출범에 따른 화훼산업의 수출산업화, 화훼류 수요의 저변 확대를 통한 수급기반 조성과 국민정서 배양 등이다. (홈페이지 참고)

양재 꽃시장의 영업시간은 다음과 같다.

생화 도매시장: 월~토 새벽 12시~오후 1시

분화 온실: 월~일 오전7시~저녁 7시

화환 점포: 월~일 오전 6시~저녁 8시

기타 점포: 월~일 오전 7시~저녁 7시

2. 서울고속버스터미널 경부선 3층 꽃시장: 서울시 서초구 반포동 19-1 / 02-592-8805

생화와 조화 전문이라고 보면 된다. 경부선뿐만 아니라 호남선 3층에도 있다. 양재 꽃시장에 분화 온실과 경매시장, 기타 사무실 등이 있다면 고속버스터미널에는 경매시장과 분화온실이 없다. 하지만 생화와 조화는 양재 꽃시장보다 훨씬 많다.

경부선의 경우에는 매주 월요일부터 토요일까지 영업하고 매주 일요일은 휴무다.

생화 매장: 밤 12시~오후 1시

조화 매장: 밤 12시~오후 6시

주차는 터미널 3층 주차장에 하거나, 신세계백화점과 메리어트 호텔 지상 주차장도 가능하다. 꽃을 사고 바로 운반하는 데는 터미널 3층 주차장이 편리하다.

3. 헌인화훼단지: 서울 서초구 헌인릉1길 22

이곳은 우리 아버지 덕분에 알게 된 곳이다. 실제로 선인장이나 스튜키 같은 식물을 아버지와 함께 보러 가곤 했는데 물건 양이 많고 싱싱하다.

여기도 지상 1층의 비닐하우스 농장 형태로 되어 있어서 부지면 적으로는 양재 꽃시장보다 넓게 분포되어 있다.

생화나 절화를 취급하는 곳은 아니다. 대신 야생화, 지피식물, 특수식물, 관엽식물, 조경식물 등 없는 게 없다.

양재 꽃시장은 생화만 도매시장이고 분화(화분에 심긴 꽃), 화환, 꽃다발, 꽃바구니 등은 도매라기보다는 소매에 가깝다. 일반 손님들이 오면 당연히 소매가격을 받는다. 동일업종분들에게는 도매나 중매 가격으로 준다고 보면 된다.

에코웨딩 장식을 위해 초화를 다량으로 구매하기도 했고, 창업 초기에 이곳에서 다육식물을 100개, 200개씩 사다가 작업하기도 했다. 관엽식물도 한 차로 가져다가 작업하기도 했다. 그만큼 대량 구매와 배송이 가능한 곳이다.

이곳은 내가 종업원 시절에 실장을 따라서 자주 가게 되면서 위치랑 성격을 더욱 잘 알게 되었다. 총 7개의 동으로 되어 있으며 이곳도 도매 위주로 식물을 판매한다.

각 동마다 성격이 다른 식물이 다량 구비되어 있으며 현재 트렌드에 맞는 상품을 시시각각 변화를 주어 판매한다. 양재 꽃시장에 있는 소매시장분들이나 가까운 화원분들 또는 인터넷으로 화원을 하시는 분들도 자주 와서 구매한다.

물건을 사지 않더라도 일주일에 두세 번씩 와서 위치와 분위기를 파악한다면 꽃사업을 시작하려는 분들에게도 보물창고 같은 곳이다. 화분가게들도 여러 군데 있으며 인터넷으로 꽃집을 하는 분들이나 서울 시내에서 꽃집을 운영하시는 사장님들이 자주 와서 물건을 본다.

택배나 배송이 가능한 매장도 있으니 원거리로 인해 잦은 방문이 어렵다면 필요한 물량만큼 배송을 요청할 수도 있다. 미리 주문제작을 하여 원하는 날짜에 수량에 맞춰 매장으로 배송해주는 곳도 있다. 그러면 스티커를 붙이고 콘셉트에 맞게 포장하여 소비자에게 빠르게 유통할 수 있다.

매장이 협소하거나 1인 기업이라서 작업이 불편한 분들이라면 이런 방법도 탁월하다.

5. 서울경기 기타 지역

· 남대문 대도꽃도매상가 3층 / 서울 중구 남창동 49 / 02-777-1709 (생화)

· 구파발 화훼단지 / 경기도 고양시 덕양구 지축동 (관엽)

· 하남 화훼단지 / 서울 송파구 성내천로 17 (관엽)

6. 인천 지역

· 문학 화훼단지 / 인천남구 매소홀로 535번길 36 (생화)

· 남동 화훼단지 / 인천 남동구 구월 1동 807

7. 부산 지역

· 범일동 중앙시장 / 부산진구 범천동 1643 (생화)

· 양정 생화시장 / 부산진구 동평로 420번기 18 (생화)

· 엄궁화훼단지 / 051-310-8800 / 부산 사상구 강변대로 512 (생화)

· 해운대구 석대동 화훼단지 / 부산해운대구 반송1동 (관엽)

· 금정구 두구동 화훼단지 (관엽)

8. 대구 지역

· 칠성시장 꽃도매상가 / 대구 중국 태평로 233-1 (생화)

· 불로동 화훼단지 / 대구 동구 지저동 324 (관엽)

9. 대전 지역

· 둔산동 꽃도매상가 / 대전서구 둔산북로 22 (생화)

· 오정동 꽃도매상가 / 대전 대덕구 오정동 10-9 (생화)

10. 광주 지역

· 광주 꽃도매상가 / 서구 매월동 954-1 화훼공판장 (생화)

· 상무화훼유통단지 / 광주 광산구 상무대로 419번길 140 (관엽)

꽃배송
A부터 Z까지

신속, 정확, 진심, 친절, 감성

음식배달과 꽃배달의 공통점은 무엇일까? 둘 다 파손되면 큰일 난다는 것이다. 만약 꽃이 망가져서 결혼식장에 오면 다시 교환할 수도 없을뿐더러 설령 환불을 해준다 해도 필요한 시간이 지나갔으므로 손실이 막대하다. 판매하는 사람 입장도 마찬가지다. 배달 중에 파손되면 200% 손실이다. 상품뿐만 아니라 인건비도 나가기 때문에 배송은 무조건 신속하면서도 안전해야 한다.

1인 가구는 계속 늘면서 라이프 스타일까지 바뀌게 되니 배달시장 규모가 급성장하였다. 음식배달의 경우에는 15조 원, 꽃배달 시장은 2조 원에 가깝다. 꽃시장이 김영란법 때문에 다소 침체되는 분위기였지만 규제가 완화되고 구독 경제도 늘어나면서 일상에서 꽃을 보려는 사람들이 많아지고 있다. 꽃배달이 이제는 타인에게 선물하는 개념에서 나와 우리 가족의 삶의 질 향상으로도 확대되고 있다.

배달앱 시장에서 1위를 달리고 있는 배달의 민족 김봉진 대표를 본 적이 있다. 평소에 좋아하는 인물이기도 하고 승승장구하는 좋은 기운을 받고 싶기도 했다. 처음 김봉진 대표를 본 곳은 '2017 MBN Y 포럼'이다. 그는 대한민국을 빛낸 10명의 영웅 중 한 명으로 추대되었는데, 경영혁신 분야에서 벤처신화의 인물로 선정되었다. 약 10만 명의 전 국민 투표에 의해 이뤄진 만큼 그의 인기를 실감케 했다.

두 번째는 '세상을 바꾸는 시간'이라고 알려진 〈세바시〉에서 '독서법'에 관한 주제로 강연을 할 때였다. 김봉진 대표는 디자이너적인 감성과 CEO의 이성적 면을 고루 갖추었고 늘 창의적으로 경영하며 많은 사람에게 행복과 영감을 주려고 노력한다. 그 모습이 보기 좋았다. 예를 들면, 여성 소비자의 관점을 더 잘 이해하기 위해서 아내가 직접 만들어준 여자 옷을 입는다거나 "없는 사람이다 보니 있어 보이려고 책을 읽다 보니 뭔가 있게 되었다"고 말하는 그에게서 재치와 순발력을 엿볼 수 있었다.

몇 년 전에 배달의 민족에서 이메일이 왔다. 열어보니 입점 제안서였다. 순간 아차 했다. '음식배달이나 꽃배달이나 모두 배민(배달의 민족) 플랫폼에 들어갈 수 있구나.' 입점에 관한 정보를 알고 싶어서 전화를 해보았다. 기존 꽃배달 업체도 가입 중이며 현재 대기자가 많아서 두 달은 기다려야 한다고 했다. 그렇게 나쁜 조건은 아니었기에 일찍 들어가서 선점하고 있으면 장점도 많을 것이라 판단했지만, 일종의 수수료와 광고비가 발생할 것을 생각하고 블로그나 기타 홍보 쪽으로 생각이 돌아섰던 것 같다. 하지만 앞으로는 모바일을 통해서 꽃 주문을 하는 횟수가 많아질 것이라 본다. 배달통이나 요기요 같은 곳에 입점해보는 것도 나쁘지 않을 것 같다.

배송에서 제일 중요한 원칙은 신속, 정확이라고 생각한다. 사람들은 간편하게 주문하고 빠르게 받기를 원한다. 그런데 꽃배송은 조금 달라야 한다고 생각한다. 음식이나 다른 공산품의 배송과는 확연히 다른 점이 있다. 그것은 생명을 배송한다는 것이다. 신속하고 정확하게 가는 것도 중요하지만 귀한 생명체를 다루고 운송하는 만큼 더 신중하고 안전해야 한다고 본다. 그래서 나는 고객이 급하게 요청하는 주문은 가급적이면 부드러운 말로 양해를 구하며 거절하거나 다음 기회에 이용해주실 것을 부탁한다.

실제로 그런 일이 종종 있었다. 결혼식이나 개업식을 1시간만 앞두고 주문하는 손님이 있었다. 상품이 제작되는 시간, 차량 이동 시간, 차가 밀리는 시간 등을 계산하면 평균 두세 시간은 넘게 걸렸다. 깜빡했다는 사정으로 급하게 주문하니 결국 접수하지만 오히려 화를 입을 수 있다. 고객과 꽃집 모두 불만족스러운 경우가 발생하는 것이다. 지인 사이라면 더욱 난처해질 수 있다. 축하를 해야 하는 꽃 주문이라면 늦어도 하루 전에 주문하도록 요청하고 있다.

단골손님이라면 습관을 들이게 해야 한다. 요즘 우리 꽃집은 LED 화환을 전문으로 취급하는 곳과 MOU(양해각서)를 맺어 주문 처리를 하고 있는데, LED 화환은 무조건 하루 전까지만 주문을 받는다.

보통은 다음과 같은 방식으로 꽃 주문이 이루어진다.

꽃배송 주문(예약) → 자사 발송 또는 타사(체인) 발송 → 배송업체 및 전문기사 배정 → 기사에게 상품 전달(상품+리본이나 카드메시지+옵션) → 고객에게 배송 → 배송기사가 화원사에게 전화 또는 메시지 → 화원사가 고객에게 만족도 문의 전화 또는 재주문 요청 인사

고객이 주문을 할 때 배송에 필요한 6가지 정보를 모두 꼼꼼히 받아낸 다음에 한 번에 처리해야 착오가 없다.

1. 고객명(입금자명)
2. 배송 날짜와 시간
3. 상품명과 수량
4. 받는 분 성함
5. 받는 분 주소와 연락처
6. 리본 문구(축하 또는 위로 메시지)

주문서 양식을 만들어놓고 종이로 적는 방법도 있고, 카톡으로 간편하게 받아 보는 방법도 있지만 구글시트나 네이버폼을 활용하면 보다 간편하게 처리할 수 있다. 이미 온라인 쇼핑몰이 구축된 상태라면 항목들이 꼼꼼하게 설정되어 있는지 확인해보아야 한다. 꽃선물은 보통 주문자와 받는 자가 다르다. 주소지, 전화번호, 성명 등이 제대로 기입되어 있어야 실수가 없다.

무엇보다 믿을 만한 전국 꽃체인 배송업체에 가입하는 것이 우선이다. 고객과의 거래에서 신용 있는 기업이 되어야 한다. 그리고 품질, 전화응대, 주문처리, 배송 등 모든 면에서 최상의 서비스를 제공한다는 자세로 최선을 다해야 한다.

다음으로 믿을 만한 전국 체인점 회사들을 소개하겠다.

베스트 플라워	한국 화원협회	꽃사세요	하프플라워	체인 플라워
유니온 플라워	원 플라워	리더스 플라워	지구촌 플라워	플라워 몰
오케이 플라워	오공플라워	탑 플라워	한 플라워	오즈 플라워
시티 플라워	훼미리그린 플라워	화원 114	모두 플라워	컬투 꽃배달
꽃파는 사람들				

이처럼 전국 체인점 회사를 통해 주문을 주기도 하고 받기도 한다. 내가 매장을 활발하게 운영하고 있고 인근 지역에 어느 곳이건 상품을 잘 배송할 수 있다면 얼마든지 '수주'라는 것을 받을 수 있다. 반대로 가정해보면 서울에서 우리 꽃집을 통해서 주문이 들어왔지만 배송처가 부산 서면이라면 직접 배송이 어렵다. 이때 부산 서면 가까이 있는 화원사로 '발주'를 넣으면 된다.

이렇게 체인점을 통해 원거리에 있는 꽃집들끼리 상호 수발주 업무를 할 수 있다. 우리가 군이 부산 지역 일대를 돌아다니면서 꽃집마다 협력 업체가 되어달라고 말하지 않아도 전국체인점을 통해서 배송할 수 있다. 일정의 수수료를 내거나 무료로 가맹본부가 되기 때문에 언제 어디서나 지방 배송건을 소화할 수 있게 되는 것이다. 예전에는 가맹비를 꼭 받았고 업체마다 다르게 책정되었지만 요즘은 무료로 가맹할 수 있는 곳도 많다. 발주만 하느냐, 수주만 하느냐, 둘 다 하느냐, 선택할 수가 있다.

전국 체인점은 두세 군데 이상 가입을 해두고 배송 지역에 따라 불가한 경우가 생기면 발 빠르게 다른 체인점에 연락해서 주문건을 처리해야 한다. 그리고 보통 업무시간은 오전 9시에서 7시 정도지만, 오전 8시부터 오후 8시까지 하는 곳도 있고, 오전 8시부터 오후 10시까지 하는 곳도 있다. 전국 가맹업체수와 주문금액에 따른 발주와 수주금액 비율을 꼼꼼히 따져보고 운영 시간도 잘 파악해서 꽃집 운영에 착오가 없어야 한다.

잘나가는 꽃집들은 어떻게 배송할까?

이대강 꽃집이 처음 케이크화분을 출시했을 때, 제일 먼저 해결해야 할 과제가 배송이었다. 꽃배달은 식물과 흙, 화분의 집합체를 보내는 것이기에 운반 과정 중에 깨지거나 식물이 손상되지 않도록 포장 방법이나 운송에 정성을 더해야 한다.

케이크화분은 크기가 작다 보니 개별상품 차량운송 배송은 요금이 부담되었다. 그래서 우체국이나 택배로 보내려고 하였다. 그래서 뽁뽁이라고 불리는 완충제와 휴지를 이용하여 꼼꼼히 포장하고 테이핑도 잘해야 했다. 그런데 그렇게 다섯 번 이상 택배 발송을 했는데 매번 상품이 손상되었다.

마사磨沙에 인테리어 때 쓰는 미장재료 가루를 섞어 써보기도 했지만 시간이 지나면 굳어져서 균열이 생기는 경우가 많았다. 그렇게 여러 수단과 방법을 동원하였지만 잘 안 되어서 막막한 지경에 이르렀고 결국 나를 내려놓고 주변 지인들에게 도움을 요청했다. 그랬더니 의외로 답은 쉬운 데 있었다. 양재 꽃시장과 남서울화훼단지를 비롯하여 꽃상품을 취급하는 곳들을 위해 경동택배는 아예 꽃상품 전용 포장 패키지를 마련하였다. 그리고 지역 물류센터가 있어서 전국적으로 원활히 배송될 수 있도록 이미 시스템을 마련해놓고 있었다.

수차례 실패를 겪었지만 이미 답은 가까운 데 있었다. 내가 5년 동안 사업하면서 겪었던 문제점들은 이미 10년 이상 해보신 꽃집 사장님이 겪었던 일들이었다. 당연히 해결책들도 마련해놓았던 것이다.

어떤 사업이건 처음부터 쉬운 일만은 없는 모양이다. 모르는 것이 있으면 물어서 가면 된다. 힘들면 도움을 요청하면 된다. 오히려 답은 쉽게 나오고 도움을 주려는 사람들도 많다.

나의 경우에는 장거리 배송 상품을 포장하는 법을 익히기 위해서 옥션이나 지마켓에서 가장 판매를 잘하는 파워셀러의 제품을 배송시켜 확인해보기도 했다. 플라워 서브스크립션을 잘하는 꽃집 세 군데에 각각 주문하여서 포장 방법과 박스, 상품 구성, 기타 서비스 카드 등을 꼼꼼히 확인해보기도 했다. 그러면서 다시 한 번 느꼈다. 꽃선물은 완성된 꽃상품의 퀄리티도 중요하지만 어떤 포장박스로 배송되느냐에 따라 받을 때 느낌이 천차만별이라는 것을. 상대방이 받았을 때 웃음이 절로 나오고 기쁘고 만족스러운 표정이 되게 하려면 수많은 시행착오를 겪고 연습해야 한다. 그러니 포장 상태를 한 번 더 체크해보길 바란다.

'벤저민 프랭클린 효과'라는 말이 있다. 프랭클린은 미국 100달러 지폐에 초상화가 실려 있으며, 피뢰침을 발명한 과학자이자 미국의 독립선언서 초안을 작성한 위대한 정치가다. 그가 펜실베이니아주 의회 의원으로 있을 때 정치적으로 대립한 인물이 있었다. 그와 좋은 관계를 맺고 싶었던 프랭클린은 오히려 도움을 요청했다. 그에게 진귀한 책이 있다는 소식을 듣고서는 빌려달라고 했다. 이 사건을 계기로 그 정적은 프랭클린에게 도움을 베풀 수 있는 기회를 가지게 된 것이고 이는 그의 자존감을 높여주고 긍정적인 정서를 유발하게 하여 둘의 관계가 좋아졌다고 한다.

　같은 업종에서 경쟁 관계에 있더라도 적대적으로 생각하며 이길 방법만 고민하기보다 어떻게 하면 함께 잘될 수 있을까를 연구한다면 오히려 기회가 생기고 뜻밖의 좋은 성과를 만들 수 있다고 본다.

물수건와 청소만 잘해도
99%는 성공한다

청소의 위대한 효과

청소 하나로 연매출 1조 원을 돌파한 사람이 있다. 바로 일본의 옐로우 햇 창업주 가기야마 회장이다. 그는 1961년에 회사를 창업하고 50년이 넘도록 지금까지 맨손으로 화장실 청소를 하는 것으로 유명하다. 직원들 앞에서도 먼저 허리를 숙이고 청소하기를 망설이지 않는다. 왼손은 화장실 바닥을 짚고 오른손은 신나게 원을 그리며 바닥을 박박 닦는 모습을 다큐멘터리에서 보았다. 이른바 '청소연수'를 하는 과정이었는데, 다른 회사의 사장과 직원들이 모두 모여 이 회사의 청소법을 배우고 있었다.

청소를 하는 데에는 법칙과 매뉴얼이 있었다. 구석구석 열정적으로 닦고 또 닦아나갔다. 청소의 마지막 즈음에는 남자 화장실 소변기 아래의 동그란 뚜껑을 모두 모아서 뜨거운 물에 담갔다. 그리고 회장이 이렇게 말하며 빙그레 웃었다. "이 뚜껑들을 모아서 차를 끓여 먹을 것입니다." 다소 황당하지만 그만큼 깨끗하게 청소를 하고 있다는 말이었다.

또한 물도 함부로 사용하지 않았다. 버리는 물이 거의 없도록 모으고 또 모았다가 나중에 한꺼번에 사용했다. 절약정신의 극치를 보는 듯했다. 가기야마 회장은 이렇게 이야기 한다. "청소를 하면 머릿속과 마음까지 깨끗해진다. 청소에는 세상을 바꾸는 무한한 힘이 있다." "청소를 하면 직원들의 마음이 부드러워지고 생산성과 효율성이 높아진다."

그는 아름다운 일본 만들기 모임에 10만 명 이상을 동참시켰다. 청소를 통해서 기업을 살리고 사회와 나아가 국가까지 치유하겠다는 의지였다.

청소란 이렇게 단순히 더러운 것을 치우는 일이 아닌 머리와 마음을 비우고 닦아내는 일이다. 그렇게 비워냈을 때 놀라운 일들이 벌어진다. 청소가 얼마나 중요한지 보여주는 사례는 너무도 많다.

《청소력》이라는 책을 접한 적이 있다. 독서모임을 통해서 알게 되었는데 필독서였기에 여러 번 읽어보았다. 그리고 나는 변하기 시작했다. 지금도 매일 1분 청소를 실천하고 있다. 벌써 4년이 넘었다. 아무리 귀찮아도 하루에 휴지 한 개는 꼭 버린다. 그리고 그렇게 휴지

한 개를 버리면 자동적으로 청소를 5분 이상 하게 된다. 청소력을 실감하는 순간이다.

《청소력》의 저자 마스다 미스히로는 "당신의 방이 바로 당신 자신입니다"라고 말한다. 이 말을 읽고 뜨끔했다. 그리고 조금씩 방을 치우면서 내 마음도 머릿속도 하나씩 정리되는 쾌감을 느꼈다. 저자는 화장실을 청소하면 금전운이 들어온다고 했다. 그런데 신기하게도 그 말을 믿고 화장실 청소를 하루 종일 했더니 주문이 한꺼번에 들어와서 곤혹을 치른 경험이 있다.

청소는 마이너스 기운을 제거해주기 때문에 아무리 힘든 사업가에게도 재기할 수 있는 힘을 준다고 한다. 또한 꿈을 이룰 수 있는 강한 운도 발동된다고 한다. 이는 정말 백번 맞다. 비울 수 있어야 비로소 채울 수 있다는 뻔한 말 같지만 모든 일의 기본은 청소에서 시작된다.

내가 경험했던 수많은 아르바이트 중에서도 유독 유니클로의 청소가 기억이 남는다. 아침 청소만 거의 2시간 이상 했다. 유니클로 기업의 핵심가치 중에서 청결과 신속이 가장 중요하다. 또한 내가 겪었던 모든 꽃집 중에서 청소를 가장 철저히 시킨 곳이 있었다. 아니나 다를까 이곳이 가장 매출이 높았다. 더 이상 의심의 여지가 없다. '청소를 잘하면 잘할수록, 매장이 깨끗하면 깨끗할수록 매출은 높아진다'라고 봐도 무방하다.

그렇다면 어디서부터 어떻게 청소해야 할까? 먼저 청소할 구획을 나누고 구역별로 할애되는 청소 시간을 체크해야 한다. 예를 들어, 학교 앞 근처 도로변에서 오프라인 꽃집을 운영한다면 손님이 제일 많이 다니는 보도블록, 입구, 매장 ABC 구역, 화장실, 진열대, 작업대 등 동선을 고려하여 청소 구역을 나눈다. 직원 없이 혼자 근무하더라도 모든 청소를 다 해야 한다. A구역 청소하는 데 5분, B구역 청소하는 데 7분, 이렇게 청소 시간을 기록해놓고 대략적인 전체 청소 시간을 기억한다.

그리고 매일 해야 할 청소, 주간 청소, 월 청소 등 기간별로 청소할 목록을 적어두고 체크한다. 나는 청소일지 체크리스트 만들기를 추천한다. 날짜와 장소를 기입하고 청소를 했으면 동그라미로 체크하는 것이다. 화장실에 부착해도 좋고 가장 잘 보이는 곳에 붙여놓아도 된다. 반드시 매일 체크해야 한다.

청소를 하는 시간만큼 손님이 몰린다고 믿고 즐거운 마음으로 하면 좋다. 내가 걸레질을 하는 횟수만큼, 빗자루질을 하는 횟수만큼 매출이 상승한다고 강력하게 믿어라. 이는 베스트셀러 《왓칭》의 김상운 저자도 한 말이다. 앵커링 효과라고도 하는데 아주 사소한 행위지만 의미를 부여하고 살이 빠진다, 살이 빠진다 하며 믿고 받아들이면 실제로 다이어트를 한 것과 같은 효과를 본다고 한다. 그러므로 작은 일도 무시하지 않고 최선을 다하면 정성이 쌓여서 원하는 바를 이루는 힘이 된다.

식물에게 물주는 것을 밥 먹는 것보다 중요하게 생각하는 분이 있다. 바로 우리 아버지다. 그래서 저녁 식사를 10시 넘어서 하는 때가 부지기수다. 아버지는 중학교 때부터 농작물을 관리하였다고 한다. 특히 장미 농사를 지었는데 빛, 물, 온도, 통풍 등 모든 조건이 딱 맞아야 꽃을 피우니 아주 까다롭지만 재미있는 작물이라고 하신다. 지금도 수십 년째 과천에서 농장을 운영 및 관리하신다. 그렇게 일평생을 식물과 함께 동고동락하셨다.

식물은 겉모습만 보아도 물이 필요한지, 빛이 필요한지, 아니면 영양이 부족한지 모두 대번에 알아채신다. 나도 농장의 한 부분을 맡아서 식물 관리를 했는데 한번은 무더운 여름날 깜박하고 물을 안 주었고 며칠 동안 방치하고 말았다. 이때 정말 눈물이 쏙 빠질 정도로 혼이 났다.

그런데 꽃과 식물을 취급하는 사장님들은 모두 비슷한 습성을 가졌다. 물주기를 제대로 안 하면 불호령이 떨어진다는 것이다. 창업하기 바로 전에 일했던 백화점에 입점한 꽃집 사장님도 얼굴이 빨개질 정도로 화를 내셨다. 오랫동안 화원이나 농장에서 일하신 분들에게 식물은 자식이거나 그 이상일 수도 있다. 그래서 지금은 그렇게 화를 내도 마음으로 이해가 된다.

'물주기 3년'이라는 말이 있을 정도로 꽃집 초보자로 입문해서 물주기를 마스터하기까지는 최소 3년이 걸린다고 한다. 그런데 내가 봤을 때는 그 이상일 수도 있다. 식물의 종류는 수십만 종이 넘는다. 살면서 보지도 못한 식물들이 훨씬 많다. 여기서 식물 각각에 대한 물주기 방법이나 요령을 이야기하기에는 너무 방대하다. 그런 내용을 전문적으로 다룬 좋은 책들이 많으니 참고하기를 바란다.

내가 말하고 싶은 것은 식물에게 물주는 행위가 다소 번거롭고 귀찮을 수 있지만 생명을 살리고자 하는 순수하고 착한 마음으로 식물을 대하면 반드시 그 은혜는 주인에게 돌아온다는 점이다. 그것은 너무나 정확해서 무섭기까지 하다.

요즘엔 물주는 주기를 알려주는 갸우뚱 화분이라는 것도 있고, 독일에서 유래된 저면관수법 화분도 있다. 아예 기계를 통하여 물을 자동으로 공급해주는 시설도 있다. 나는 물주기는 다소 불편해도 된다고 본다. 물론 작업의 효율성이 떨어져서 매출에 영향을 끼치면 안되겠지만 그 불편함을 극복하는 것이 수행이자 공부다.

물을 준 날짜를 기억하기 위해서 식물 가까운 곳에 달력을 구비해놓고 메모하는 방법도 있고, 일지를 적어도 좋다. 매주 수요일은 물을 주는 날로 정해도 좋고, 화요일은 꽃에게 목요일은 나무에게 물을 주는 방법도 있다. 식물을 내 인생의 동반자나 친구처럼 소중히 다룬다면 언제 물을 주면 좋을지 식물이 살짝 귀띔을 해줄 것이다.

문자하지 말고
전화하라

비즈니스의 경우에는 소통이 더욱 중요하다. 말 한마디에 계약이 파기될 수도 있고 성사될 수도 있다. 경험상 소통의 진중한 단계를 나누어보자면 아래와 같을 것이다.

> 카카오톡 → 문자 또는 이메일 → 전화 → 직접 미팅

중요한 내용이라면 문자로 소통할 게 아니라 무조건 전화를 해야 한다. 그게 상대방에 대한 예의이자 배려이며 나에 대한 존중을 올바로 세우는 방법이다. 그렇다면 우리는 전화로 어떻게 소통해야 할까? 전화하는 태도에 대한 마음가짐 영역과 실제 전화하는 스킬로 나누어

세 가지를 말하겠다.

첫째는 '3번 감사 호흡하고 전화하기'.

고객을 만나기 전 또는 통화하기 전에는 심호흡을 하며 숨을 들이마시고 "감사합니다" 내쉬면서 "사랑합니다"를 나지막하게 말한다.

그리고 가능하다면 일이 잘 성사되고 계약이 이루어지는 모습 등을 상상하고 나서 전화를 하면 보다 탁월한 성과를 만들 수 있다. 이는 참 중요하다. 허겁지겁 신경질을 내면서 전화하는 것과 모든 일이 좋게 흘러 갈 것이라고 믿고 감사하며 전화하는 것은 천양지차다.

두 번째는 '마음을 열고 정직하게 전화하기'.

영업이라는 게 다소 어렵거나 귀찮게 느껴질 때가 있다. 또한 전화울렁증이 있는 분들은 아예 수화기를 들고 먼저 전화하는 것이 두렵다. 나 역시 텔레마케팅 관리사라는 자격증이 있음에도 불구하고 막상 영업직에서 일할 때 '처음에 무슨 말을 해야 할까, 욕먹으면 안 되는데' 하며 걱정이 앞서기도 했다. 하지만 내가 하는 일이 올바르고 가치 있다면 누가 뭐라고 해도 당당할 수 있다.

프랭크 베트거라는 미국 세일즈 분야의 전설적인 인물이 쓴《실패에서 성공으로》라는 책은 정말 많은 멘토들이 추천해준 책이다. 어떤 분은 200번을 보았다고 한다. 그만큼 영업의 엑기스가 모두 들어 있다고 극찬을 하였다. 나 역시 이 책을 보았고, 핵심 메시지는 한줄로 정리된다. '하루에 다섯 명씩 나의 이야기를 그저 정직하게 소통하라.' 다섯 명이 어렵다면 한 명으로 시작해도 된다. 매일 꾸준히 하다

보면 잠재고객이 가망고객이 되고, 가망고객이 구매고객이 되고, 구매고객이 VIP고객이 된다. 그러므로 호시우보(호랑이처럼 예리하게, 소처럼 우직하게)의 마음으로 차근차근 전화하면 된다.

세 번째는 '불가근불가원'. 이는 《멈추면, 비로소 보이는 것들》의 저자 혜민 스님이 이야기한 행복해지는 관계의 법칙이다. 인간관계는 난로와 같아서 너무 가깝지도 멀지도 않게 하는 것이 좋다는 말이다. 혜민 스님뿐만 아니라 성공한 수많은 사람들이 밝힌 성공적인 인간관계의 법칙이니 믿어도 좋다. 전화를 너무 자주 하지 말고 뜸하게 하지도 말고 중용을 지키며 그 고객만의 소중한 시간과 공간을 존중하고 배려하자.

스마트 세일즈 고객관리 7단계

평소 존경하는 김형환 교수의 1인 기업 강의를 들은 적이 있다. 내용이 좋고 동기부여가 잘되어서 반복해서 수강하기도 했다. 그중 고객관리에 대한 프로세스가 정리가 잘되어 있어 강의안을 참고한다.

총 7가지 단계가 있다. 이 중에서 가장 중요하거나 어려운 부분은 개인마다 다를 것이다. 그런데 누군가 나에게 제일 중요한 단계가 무엇이냐고 묻는다면, 단연 1단계인 고객 명단 작성이라고 백번 천번 말할 것이다. 앞에서도 하루에 10콜을 돌리면 평균적으로 월매출

1,000만 원을 달성할 수 있다고 말했다. 이는 나의 경험이기도 하다.

	단계	구분	비고
1	명단	단순 가망 리스트, 지속적 업데이트	양적 가치
2	접촉	안부전화, 위치파악, 미팅약속	우선 순위
3	입력	폰 주소록 정보 입력, 모든 데이터 입력	질적 가치
4	미팅	시간+공간+성과, 제안 전달	핵심 사항
5	소통	SNS 카톡 관심표현, 칭찬격려, 미팅 후 감성접근	감성 관리
6	감동	기억<기록 , 이벤트(생일, 기념일) 챙기기	시기 관리
7	관리	유지, 소개구매, 서비스	관계 가치

하루에 10콜을 돌리기 위해서는 몇 명을 적어야 할까. 10~15명을 적으면 된다. 휴대폰에서 가나다순으로 적어도 되고 최근에 내가 자주 연락했던 순으로 적어도 된다. 중요한 것은 이 사람이 내 고객이 될지 안 될지 미리 판단하지 않는 것이다. 그냥 적는다. 그리고 나서 그냥 전화한다. 전화를 하며 기본정보를 입력하고 미팅약속을 잡는다.

미팅에서는 구구절절 설명을 길게 할 필요도 없이 핵심사항만 간결히 전달한다. 내가 강의를 들으면서 가장 크게 깨달았던 것은 완벽한 데이터를 다 전달하려고 할 필요가 없다는 것이었다. 브로슈어도 중요하지만, A4 용지 한 장 분량의 말하고 싶은 내용을 짧게는 3~5분, 길게는 15분 안에 끝낼 수 있어야 한다. 그렇게 고객을 나의 페이스대로 끌어온다. 사실 이 부분은 법인영업이나 B2B 같은 큰 계약을 성사시키는 미팅에 해당된다.

처음에 오프라인이나 온라인으로 꽃집을 오픈하고 나면 초기에는 단골손님을 유치하기까지 시간이 걸린다. 고객이 쌓이고 반복적인 구매가 이루어지는 시스템이 만들어지기까지는 적극적으로 발에 땀이 나도록 뛰어야 한다. 아니면 고도의 실력을 쌓아 입소문이 나도록 해야 한다. 정말 신기하게도 사람들이 알고 몰려들 것이다.

수많은 창업 중
꽃집 창업을 추천하는 이유

　"세상은 넓고 할 일은 많다." 너무나 유명한 말이다. 영국의 정치가이자 외교관인 필립 체스터필드가 아들에게 보내는 편지를 담은 책의 제목이다. 또한 대우그룹 창업주 고 김우중 회장의 회고록 제목이기도 하다. 창업 세상에서도 마찬가지다. 아이템은 정말 무궁무진하고 할 일은 많다.

　여기서 나는 창업의 본질에 대해서 다시 한 번 생각해본다. 창업은 돈을 잘 벌어서 잘 먹고 잘 살자는 게 아니다. '얼마나 사회의 문제를 개선하느냐, 이전보다 더 나은 환경을 어떻게 만드느냐'가 핵심이라고 생각한다. 이를 해결하면 당연히 돈은 벌리게 되어 있다.

　국세청은 매년 100만 명 정도가 창업하고 80만 명 정도가 폐업을 한다고 밝힌다. 그만큼 성공은 둘째 치고 생존도 쉽지 않은 것이 창업이다. 또한 사업자들을 대상으로 한 리서치 결과에 따르면 창업의 성공 요인은 동종업계에 대한 풍부한 경험이라고 52.9%가 말했고, 실패 요인은 경험 부족이 46.7%라고 이야기했다. 이 수치를 분석해보면 창업 성공을 하는 데 있어서 무엇보다 중요한 것은 '내가 창업하려는 분야에 대한 오랜 경험과 고도의 전문성을 갖추는 데 있다'고 볼 수 있다.

그런데 사람들은 남들이 많이 하거나 수익성이 좋다는 말에 현혹되어 쉽사리 결정하고는 한다. 남이 잘되는 것을 보고 나도 하면 뭔가 잘되겠거니 하는 막연한 희망을 가지고 창업을 하면 안 된다. 내가 잘할 수 있고 내가 좋아하는 것이어야 한다. 아니 당장에는 좋지 않더라도 하면서 내가 그 일을 사랑할 수 있는 것이어야 한다.

우리에게는 단기간에 창업을 준비하고 빠른 시간 안에 승부를 보려는 습성이 있다. 물론 그렇게 해서 돈을 벌 수도 있지만 오래가지도 못할뿐더러 실패 확률도 높다. 《잘되는 가게 안되는 가게》를 쓴 김갑용 저자도 "창업은 돈을 버는 게 아니라 일을 버는 것"이라고 말한다. 또한 "성공 창업은 돈을 많이 버는 게 아니라 오래 버는 것"이라고 말한다.

나는 그런 의미에서 꽃집 창업은 꽃다발, 꽃바구니, 멋진 화분, 그린 인테리어 등 아름답고 싱그러운 창작물을 만들어내고 고객에게 기쁨과 감동을 지속적으로 전달하는 참 멋진 일이라고 생각한다. 지금도 매일 화훼농가와 연구소에서는 끊임없이 연구가 이루어지고 있고 화훼 신품종이 쏟아지고 있다.

지구 어느 한편에서는 알 수 없는 식물체가 계속 생겨나기도 한다. 지구상에 존재하는 식물이 30만 종이 넘는데 매일 새 꽃을 공부하고 취급한다고 해도 10분의 1도 만져보지 못할 것이다.

여성들이 퇴사하면 가장 먼저 생각해보는 것이 꽃집 창업이다. 비교적 소자본으로 시작할 수 있고 노후까지 즐기면서 오랫동안 낭만을 즐기며 할 수 있다고 보기 때문이다. 내 경험에 의하면 창업은 자기 자본을 50% 이상 가지고 하는 것이 좋다고 보지만, 요즘은 정부지원 제도가 잘되어 있어서 신용이 나쁘지 않다면 소상공인 창업대출과 경영자금 대출을 받아서 시작할 수도 있다. 소상공인 지원센터에서 제공하는 온라인/오프라인 무료 교육을 80% 이상 이수하면 소상공인 자금 대출 자격이 생긴다.

또한 전국 각지에 창업보육센터가 260개 이상 있고, (사)한국창업보육협회, 여성기업 종합지원센터 등 예비 창업자와 초기 창업자를 위한 투자와 지원이 적지 않게 구비되어 있다. 그러므로 직접 온프라인을 통해서 상담도 받아보고 진로에 대한 결정을 내리면 좋겠다.

사실 나의 꽃집 창업 동기는 남들과 조금 다르다. 나는 모태 꽃집 총각이다. 할아버지 때부터 아버지에 이어 3대째 꽃집을 이어오기 때문이다. 그래서 30년 넘게 살아오면서 그중 절반 이상을 꽃과 식물과 함께 살았다고 해도 과언이 아니다. 부모님께서는 서초동 꽃마을을 시작으로 양재 꽃시장에서 40년 이상 꽃집을 운영하고 있다.

이런 익숙한 환경 때문에 20대 초반 시절까지 '꽃집은 절대 하지 말아야지'라고 생각했지만 참 아이러니하게도 꽃집을 하고 있다. 정확하게는 꽃집 운영 6년을 거쳐 꽃집 창업에 대한 컨설팅과 여러 원예치료 자기계발 프로그램을 실시하고 있다. '이대강 꽃집'과 '식사시간' 이라는 상표 특허 두 개를 가지고 있는데, 식사시간이 후자의 원예를 접목한 자기계발 프로그램이다. 식물과 나를 온전히 사랑하는 시간의 줄임말이기도 하다.

내가 처음 꽃집 창업을 결심하게 된 결정적인 이유를 누군가 묻는다면 좀 황당하겠지만 신의 계시를 받았다고 말할 수 있다. 어느 공기업의 직무적성검사 문제를 풀고 있었는데 갑자기 "너 거기서 뭐하고 있니? 시험 그만 보고 꽃집해"라는 어떤 신비한 음성이 들렸다. 그러면서 갑자기 머리가 하얘졌고 '그러게, 내가 지금 뭐하고 있는 거지' 하며 나머지 시험문제는 다 같은 번호로 찍고 나왔던 경험이 있다. 그때가 내 나이 스물아홉 살이었다.

남들 앞에 나서는 것도 별로 안 좋아하는 내성적인 성격이었고, 사업의 '사' 자와도 거리가 먼 나였지만 막상 꽃집 창업밖에 할 게 없다고 굳게 결심하고 나니 내가 무엇을 해야 할지가 보였다. 사람을 잘 상대해서 설득력을 높이기 위해서는 영업을 배워야겠다고 생각하여 대기업 보험 영업사원으로 지원해 영업의 기초를 배웠다. 그리고 각종 창업에 대한 교육들을 무료와 유료로 몇 년에 걸쳐서 들었다. 그리고 지금도 창업에 대해서는 끝없이 연구하고 공부하고 있다.

영업을 어렵게 생각하면 어렵지만 그저 내가 보유하고 있는 상품이나 서비스에 대한 자신감을 가지고 진정성 있게 다가가 상대방이 필요로 하는 가치를 제공하고 문제를 해결해준다는 마음으로 행하니 의외로 일이 술술 풀리기 시작했다.

내가 꽃집 창업을 추천하는 강력한 이유를 정리하면 다음과 같다. 나를 살리고 화훼농가를 살리고 지구를 살리는 일이기 때문이다.

장 지오노의 체험을 바탕으로 한 소설 《나무를 심은 사람》을 보면 생명체라고는 일절 볼 수 없었던 황폐한 사막에 한 양치기 남자가 매일 하루에 100개의 도토리를 심는 이야기가 나온다. 한 달이면 3,000개, 1년이면 36,500개, 10년이면 365,000이다. 이 중에서 3분의 1만 살아남았다고 한다. 그렇게 40여 년을 한결같이 성실하게 나무를 심은 결과 숲이 우거지고 새가 지저귀고 사람들의 웃음소리가 울려 퍼지는 지상낙원이 되었다. 이 책은 한 사람의 숭고한 희생정신과 공동선에 대한 이타적 마음이 얼마나 아름다운지를 보여준다. 나는 이처럼 내가 판매하는 꽃 한 송이, 작은 나무 한 그루가 결국은 온 세상을 향기롭게 하고 아름답게 한다고 믿는다. 2013년 UN 총회에서 우루과이 대통령 무히카는 이런 연설문을 남겼다. "우리는 발전하기 위해 태어난 것이 아닙니다. 우리는 행복하기 위해 지구에 온 것입니다. 인생은 짧고, 생명보다 더 귀중한 것은 존재하지 않습니다."

우리 꽃집 사장들은 단순히 꽃을 파는 존재가 아니다. 존엄한 생명의 가치를 전하고 행복을 팔기 위해서 존재하는 것이다. 여타 다른 사업과는 확연히 다른 그 무엇이 바로 생명을 다룬다는 것이다. 그리고 생명을 존중하고 사랑하지 않고서는 이 일을 지속적으로 하기 어렵다. 그러므로 자신의 직업에 무한한 긍지와 자부심을 가져도 된다고 본다.

트리플래닛Tree Planet이라는 전 세계 각국에 나무를 심는 소셜벤처기업이 있다. 이 회사는 모바일상으로 나무 심기 게임을 선보였고 특정 연예인들의 팬들과 대기업들의 자발적 후원과 기금으로 전 세계에서 숲을 조성하고 있다. 예를 들면, 소녀시대숲, 미세먼지방지숲, 하얀 말 에코프로젝트 숲 등이 있다. 이 또한 단순히 나무를 심는 게 아니라 우리 전체의 희망을 심고 추억을 심고 있는 것이다.

이처럼 우리가 하는 일에 대한 가치와 믿음은 스스로 결정하는 것이다. 세상에 하나밖에 없는 자신만의 스토리와 독보적인 브랜딩이 입혀지면 '꽃집 창업 성공'의 주인공은 바로 당신이 될 수 있다.

세상에는 수만 종의 아름답고 향기로운 꽃들이 있다. 하지만 이 책을 보는 당신은 인간으로서 유일무이한 70억 분의 1이라는 가치를 지닌 인간 꽃이다. 그리고 인간 고유의 사람 냄새가 난다. '화향백리 주향천리 인향만리'라는 말이 있다. 봄에 피는 꽃향기가 아무리 멀리 가도 백 리쯤 가고, 아무리 좋은 술 향기가 멀리 간다 해도 고작 천 리밖에 못 가지만, 사람의 향기는 만 리를 간다는 의미다.

이미 그대 인생 자체만으로도 아름다운 인간꽃 향기를 품고 있으니, 숭고한 그대 손에 의해 만들어진 모든 꽃과 상품은 세상 어느 곳에서건 아름다움을 전할 것이다.

"피는 꽃마다 아름답구나,
꽃 중에 제일은 인간꽃"

책 쓰기가 이렇게 힘든 작업인지 몰랐다. 어떤 날은 눈에서 눈물이 줄줄 계속 났고, 어떤 날은 온몸이 쑤시고 부서질 것처럼 아팠다. 왜 산고의 고통과 비교하는지 조금은 알 것 같았다.

우선 지금까지 이 책을 다 읽어준 독자 분들에게 깊은 감사의 마음을 전한다. 2년 가까이 집필하면서 참 많은 일들이 있었다. 꽃집 매출이 떨어지기도 했고, 6개월간 준비한 정부지원사업이 모두 불합격되기도 했다. 부모님의 걱정은 늘어났고, 예전만큼 사람들이 먼저 연락을 걸어오지도 않았다. 이런 상황에서도 내 책과 독자들에 대한 애정을 놓지 않으려고 안간힘을 썼다. 결국 책이란 독자가 있어야 존재 가치가 있다.

세상은 요지경이라는 말처럼 어떤 사람은 하는 일마다 대박이 나지만, 어떤 사람은 자꾸만 실패할 수도 있다. 하지만 누군가를 탓하기보다는 다시 한 번 나의 내면을 깊이 들여다보고 실패의 원인을 스스로 찾기를 바란다. 그리고 인생의 각도를 1도만 바꾸어서 다시 한 번 끈질기게 도전할 수 있는 용기를 내기를 바란다. 마치 오뚝이처럼.

나는 수년간의 연구와 탐구 끝에 식물경영 프로그램을 개발했고 현재 실시하고 있다. 강낭콩의 씨앗이 뿌려져 꽃이 피기까지는 보통 90~100일이 걸린다. 이 100일 동안 나를 완전히 바꾸기 위한 혹독한 자기계발이 시작된다. 물론 식물을 키우면서 말이다. 그래서 나와 식물을 온전히 사랑하는 시간이라는 의미에서 '식사시간'이라고 부르게 되었다.

우리는 매일 매순간 결정하고 선택한다. 그때 그 선택의 동기가 나와 세상을 온전히 사랑하는 마음에서 기인했다면 결과가 꽤 아름다울 것이라고 확신한다. 삶에 있어서 어떤 순간에도 '사랑'이라는 가치를 놓치지 않기를 바란다. 꽃집 창업도, 식물 키우기도 결국 사랑하게 되면 잘하게 된다. 이는 애플의 창업자 스티브 잡스가 그토록 반복하고 강조했던 말이기도 하다.

요즘 나는 이대강 꽃집창업 아카데미 12주 과정을 한창 운영 중이다. 수강하는 한 분 한 분이 꽃집 사장으로서 마인드와 자세를 갖추어나가고 꽃에 대한 공부를 꾸준히 하면서 매출을 발생시킬 때 정말 뛸 듯이 기쁘고 행복하다. 내가 수년에 걸쳐서 실패하고 시행착오 끝에 알아낸 비밀들을 아낌없이 공유하면서 희열을 느끼기도 한다. 내가 바라는 것은 오직 수강생들의 최대 성과이기 때문이다.

내 책을 보고 무조건 꽃집 창업을 하라는 뜻이 아니다. 치킨집 창업으로 성공할 수도 있다. 무엇보다 나는 자신과 이웃 그리고 식물과 자연을 사랑하는 사람들이 더 많이 생겨나길 바라는 마음에 책을 썼다. 그러다 보면 화훼 농가도 살아나고 관련 산업도 더 발전할 것이라고 믿는다. 그리고 식물에는 치유의 힘이 분명히 있다. 스트레스 해소, 정서 안정, 매출 증대, 즐거움 유발, 공기 정화 등 그 매력은 상당히 많다. 또한 내가 식물에게 가장 존경심을 갖는 가치는 '평정심'이다. 이는 마치 나무 닭이 된 듯 평정심을 유지하여 어떤 시비를 걸어와도 침묵으로 상대를 압도하는 싸움닭, 목계木鷄와 같다. 목계는 이렇게 카리스마로 상대를 압도하기도 하지만, 경청과 겸손함으로 상대방을 편안하게 하는 여유를 가지기도 한다. 이처럼 나는 우리 꽃집 사장들이 목계지덕木鷄之德을 품은 식물과 같이 작은 일에 흔들리지 않으며 스스로의 감정과 기분을 잘 조절할 수 있게 되기를 바란다. 그래야 성과를 잘 낼 수 있기 때문이다.

마지막으로 이 책을 쓰기 전부터 지금의 결과물이 나오기까지 물심양면으로 도움을 주신 분들이 참 많다. 그래서 한 분 한 분 이름을 거론하며 에필로그를 마칠까 한다. 존칭은 생략하겠다.

아버지 이명환, 어머니 김명숙, 동생 이정배, 이태섭, 박영숙, 김연숙, 김윤숙, 김정숙, 김응수, 임선표, 임선주, 이애자, 이순자, 이경환, 이수연, 이동원, 박수길, 이혁백, 이은화, 이상주, 김새해, 정예림, 김현, 김형국, 민들레, 조나단, 구한나, 정의석, 김승호, 김아영, 조환성, 신동섭, 피재현, 초예도예, 유영만, 신용한, 김태화, 김갑용, 장정은, 김연희, 이범용, 곽동근, 박상배, 전호근, 민진홍, 김형환, 강규형, 이승진, 조한샘, 강하람, 은나래, 송수용, 이병호, 최영주, 손수익, 손영복, 박은애, 유영근, 이문록, 박연성, 이원기, 헤라, 손인애 등.

지면 관계상 이름을 다 기입하지 못하지만 이 책을 보는 모든 지인 분들에게 심심한 감사의 마음을 전합니다. 또한 앞날의 행복과 건강, 풍요를 기원합니다. 그리고 사랑합니다.

참고문헌

강규형, 『독서 천재가 된 홍 팀장』, 다산라이프, 2017.

게리 켈러 외 저, 구세희 역, 『원씽: 복잡한 세상을 이기는 단순함의 힘』, 비즈니스북스, 2013.

고이케 히로시 저, 이정환 역, 『2억 빚을 진 내게 우주님이 가르쳐준 운이 풀리는 말버릇』, 나무생각, 2017.

고코로야 진노스케 저, 정혜주 역, 『좋아하는 일만 하며 사는 법』, 동양북스, 2016.

김상경, 『나는 내가 원하는 삶을 살고 싶다』, 이코노믹북스, 2019.

김새해, 『내가 상상하면 꿈이 현실이 된다』, 미래지식, 2018.

김정희, 『김정희와 함께 플라워샵 창업하기』, 42애비뉴, 2012.

김형환 외, 『죽어도 사장님이 되어라』, 엔타임, 2010.

김형환, 『삶을 바꾸는 10분 자기경영』, 책이있는풍경, 2015.

론다 번 저, 김우열 역, 『시크릿』, 살림Biz, 2007.

모 가댓 저, 강주헌 역, 『행복을 풀다』, 한국경제신문, 2017.

민진홍, 『땡큐파워』, 라온북, 2016.

박용후, 『관점을 디자인하라』, 프롬북스, 2013.

박평호, 『개인창업 법인창업 쉽게 배우기』, 한스미디어, 2013.

박현주, 『돈은 아름다운 꽃이다』, 김영사, 2007.

방현희, 『꽃도감: 꽃집에서 인기 있는 꽃 421종』, 한스미디어, 2016.

벤저민 프랭클린 저, 정윤희 역, 『벤저민 프랭클린 자서전』, 원앤원북스, 2015.

브렌든 버처드 저, 위선주 역, 『백만장자 메신저』, 리더스북, 2018.

빌 비숍 저, 안진환 역, 『핑크펭귄』, 스노우폭스북스, 2017.

사이토 히토리 외 저, 서라미 역, 『그릇: 비우는 것이 채우는 것이다』, 21세기북스, 2013.

손정일, 『10억짜리 꼼수 소셜마케팅』, 라온북, 2012.

신동일, 『죽기 살기로 3년만』, 참돌, 2012.

신용한, 『대한민국 청년 일자리 프로젝트』, 가디언, 2015.

원종희 외, 『우리집 다육식물 키우기』, 소리들, 2010.

월간 플로라, 『월간 플로라』, 소리들, 2018. 8.

웨인 다이어 저, 오현정 역, 『행복한 이기주의자』, 21세기북스, 2006.

이노우에 히로유키 저, 박연정 역, 『배움을 돈으로 바꾸는 기술』, 예문, 2013.

이숭겸, 『꼭 가봐야 할 세계의 식물원』, 신구문화사, 2009.

이지성, 『꿈꾸는 다락방』, 차이정원, 2017.

이혁백, 『하루 1시간, 책 쓰기의 힘』, 치읓, 2019.

이호건, 『리더를 위한 인문학』, 정민미디어, 2016.

장장원, 『실패가 끝은 아니라』, 꿈의지도, 2016.

조 비테일 외 저, 황소연 역, 『호오포노포노의 비밀』, 판미동, 2011.

조환성, 『매출 두 배를 위한 더블 세일즈』, 비즈토크북, 2018.

천천 외 저, 윤진 역, 『결단: 내 인생을 바꾸는 터닝포인트』, 미르북스, 2008.

최승윤, 『취짧사길』, 움직이는서재, 2017.

최재혁, 『온라인 채널 마케팅』, 라온북, 2017.

최진주 외, 『세계 슈퍼 리치: 초일류 거부를 만든 부자 DNA』, 어바웃어북, 2012.

코지마 미키토 외 저, 오정연 역, 『한 달에 30억을 벌 수 있는 조인트 사고』, 매일경제신문사, 2013.

하브 에커 저, 나선숙 역, 『백만장자 시크릿』, 알에이치코리아, 2008.

허북구 외, 『향기나는 창업 꽃집! 꽃집!』, 중앙경제평론사, 2003.

MBN Y 포럼 사무국, 『〈두드림(Do Dream)—불가능을 즐겨라』, 매일경제신문사, 2017.

사람이 몰리는
꽃집 창업의 비밀

초판 1쇄 발행 2019년 10월 25일
초판 3쇄 발행 2023년 1월 25일

지은이 | 이대강
펴낸이 | 박수길
펴낸곳 | (주)도서출판 미래지식
디자인 | 플러스

주 소 | 경기도 고양시 덕양구 통일로 140 삼송테크노밸리 A동 3층 333호
전 화 | 02-389-0152
팩 스 | 02-389-0156
홈페이지 | www.miraejisig.co.kr
전자우편 | miraejisig@naver.com
등록번호 | 제2018-000205호

ISBN | 979-11-90107-32-7 03320

이 도서의 국립중앙도서관 출판예정도서목록(CIP)은 서지정보유통지원시스템 홈페이지(http://seoji.nl.go.kr)와
국가자료종합목록 구축시스템(http://kolis-net.nl.go.kr)에서 이용하실 수 있습니다.
(CIP제어번호 : CIP2019034713)

미래지식은 좋은 원고와 책에 관한 빛나는 아이디어를 기다립니다.
이메일(miraejisig@naver.com)로 간단한 개요와 연락처 등을 보내주시면
정성으로 고견을 참고하겠습니다. 많은 응모 바랍니다.